UNA-JAPAN

The United Nations Association's
Test of English

国連英検
特A級・A級
面接対策

編著:公益財団法人 日本国際連合協会
著者:高橋基治・Lawrence Karn
執筆協力:服部孝彦・室屋精一郎

SANSHUSHA

はじめに
英語スピーキング力の測定と評価

国連英検統括監修官
大妻女子大学・同大学院教授、早稲田大学講師
言語学博士　服部 孝彦

近年、言語算出処理能力（language calculation processing capacity）の研究が進み、言語能力のアウトプットとしてのスピーキング力の測定、評価に関心がよせられるようになってきた。その結果、各種の英語検定でも口頭言語能力（oral language proficiency）を測定・評価する試験が多く導入されるようになった。例えばTOEFLは、スピーキングとライティングの２つの産出能力は、リスニングとリーディングの２つの受容能力および言語知識と相関が高いとして、リスニング、リーディングと言語知識の３つをテストすればよいという立場をとってきた。しかし2006年、iBT形式の試験に変えることをきっかけに４技能をバランスよく測る試験に変え、スピーキング力もしっかりと測定するようになった。このように、世界中で実施されている外国語の大規模な試験は、従来は多肢選択問題でリスニング、リーディングと言語知識を主に問うことが多かったが、最近ではスピーキング力を測定する試験を含むものが当たり前になってきた。

そもそも試験とは、定められた特質または特性について、比較することが可能な基準を用いて受験者の能力を測定することである。テスティングの観点からコミュニケーション言語能力のモデルを考案したBackmanは、社会科学における測定を「明確な規則と手順に従って受験者の特性を数量化することである」と定義している。数量化（quantification）とは、対象となる特性（attribute, trait, ability）に数値を割り当てる作業である。もちろん、試験により測定され数値が割り当てられるのは、受験者ではなく受験者の持つ特質や特性に対してである。

試験実施機関は、試験で測定する評価基準をしっかりと示している必要がある。試験のスコアを利用して能力の程度を把握する受験者にとって、その評価基準が妥当であり、信頼のおけるものであると確信を持つことができなければ、試験は機能しないことになる。試験実施機関は、受験者集団に対し評価基準に基づき、受験者を序列化したり、一定の水準以上の者を選抜したりするわけであるので、良質の試験を提供しなければならない。この質の高い試験を常に追求することが試験実施機関には求められる。質の高い試験であることから社会的認知度が高ま

り、入試、就職、昇進等に使用されるようになると、影響力が強い、ハイ・ステークスな試験（high-stakes test）となる。このような試験は波及効果（washback）を生むことになる。良い試験と認められるために備えていなくてはならないのが信頼性（reliability）、妥当性（validity）と実用性（practicality）である。この3つの中で受験者にとって最も重要なのが信頼性である。

信頼性は測定の一貫性あるいは安定性である。スピーキングテストのようなパフォーマンステストにおいては、テスト得点は評定者の違いなど、測定したい能力以外の要因に影響を受ける。このような要因が測定誤差（measurement error）の原因となっている。信頼のある試験であるためには、測定誤差の原因を特定し、コントロールしておく必要がある。パフォーマンステストにおいては、測定誤差を最小限にすることが特に重要となる。

どのようなスピーキングテストにおいても面接官の違いが測定誤差の大きな要因となっていることが特定できていることから、国連英検2次試験（面接試験）では、面接官とは別に面接の評価を統括する評価官を置いている。評価官は、面接官の研修をすると同時に、面接試験実施後は、録音されたインタビューを聞き、面接官からは独立して面接試験を評価する。面接官は特A級では２名、A級では１名であるが、実際は試験本部所属の評価官も評価に加わることから、評価者による測定誤差は最小限に抑えることができ、評価者間信頼性（inter-rater reliability, IRR）が高められている。

スピーキングには言語知識と技能が必要となる。話すために必要な語彙、文法、発音の知識を習得したとしても、すぐに話せるようにはならない。実際に話す活動を通してはじめてスピーキング力が身につくのである。言語知識を獲得してから技能へと進むのではなく、言語知識と技能の間には双方向性があり、両者は補完しながら相互に発展していく。国連英検面接試験受験者は、実際にスピーキングを行いながら、必要な言語知識を増やしていかれた方が多い。

スピーキングの特徴として、時間的制約（time pressure）と話し相手との相互性（reciprocity）をあげることができる。この特徴からスピーキングには計画（planning）、選択（selection）、産出（production）のプロセスがあるといえる。計画、選択した上で産出しなければ論理的に話を進め、相手を説得することはできない。国連英検の面接試験では、高度な英語コミュニケーション能力と共に、良識のある国際人として持つべき国際常識、異文化間コミュニケーション能力と国際適応能力についてもテストされる。英語運用能力を使い、世界を舞台に活躍できる能力があると判断されることが合格の条件である。本書を利用し、面接試験で高得点を獲得し、ぜひ国連英検特A級・A級の合格を勝ち取っていただきたいと考えている。

— CONTENTS —

国連英検とは

■「国連英検」（国際連合公用語英語検定試験）は、1981年に始まり、長い歴史を持つ英語検定試験です。試験は年に２回、全国主要都市で実施されます。特Ａ級からＥ級まで全部で６つの級があり、中学生から社会人、シニアエイジまでの幅広い層を対象とし、受験資格は特になく、どなたでも受験できます。

試験を主催するのは、外務省の外郭団体としてスタートした公益財団法人日本国際連合協会です。日本国際連合協会は、国連のＡ級諮問民間団体である「国連協会世界連盟」（WFUNA）の有力メンバーで、国内外での国連普及活動を積極的に行っています。

国連英検も国連普及活動の一環として実施されており、国連の理念である「国際協力」「国際理解」をコンセプトに、「真に役立つグローバルコミュニケーション能力」の育成を目標としています。試験内容は国連の活動に沿って、世界平和、地球環境、世界政治、世界経済から、人権、食品、医療などの世界情勢、国際時事問題まで幅広く出題されるため、今まさに地球上で問われている問題を認識し、自分の考えや解決策を論理的に伝達する表現力が求められます。単なる語学力の判定にとどまらず、総合的な国際コミュニケーションスキルが問われます。

■ 国連英検は、資格として多角度にアピールできる検定試験です。多くの大学で推薦入試・編入試験の評価資格として認められ、Ｂ級以上の合格を単位認定している大学もあります。

特Ａ級は、成績優秀者に外務大臣賞が授与されるほか、合格者には外務省国際機関人事センターが実施している「JPO派遣候補者選考試験」において加点が行われます。

このJPO（Junior Professional Officer）は、国際公務員（国連職員・ユネスコ職員など）になるための登竜門と言えるもので、２年間の海外派遣を経て国際公務員試験に挑戦できる制度です。

A級は成績優秀者に国連協会会長賞が授与されます。

C級以上の合格者は、文部科学省より、高等学校卒業程度認定規則において、英語資格としてレベル認定されています。

また、国際協力機構（JICA）では、C級以上の合格者を、応募の際に必要となる語学力の評価基準をクリアしたものと認定しています。

なお、警視庁では警察官採用試験（1次試験）に「資格経歴等の評定」を導入していますが、国連英検C級以上の合格者については、1次試験の成績の一部として評価しています。

■ 国連英検は、コミュニケーションを重視した試験です。B級～E級で出題されるリスニング問題のウェイトは40%と高く、またB級以上は国際時事問題をテーマとした英作文（ウェイト20%）が設けられています。A級以上は2次試験で面接試験を実施し、ネイティブスピーカーと国際時事問題について討論を行います。さらに特A級については、ネイティブスピーカーに加え、元外務省大使など外交実務経験者や国際関係を研究する大学教授を面接官として、より深い議論を行います。

特A級・A級のレベルと審査基準および問題の傾向と対策

【特A級】

レベルと審査基準

日本で行われている英語検定試験の中で最高水準にあると見なされ、種々状況に対応できる英語力ばかりでなく、国際的に通用する常識も要求されます。

具体的には、さまざまな国籍の文化背景を異にする人々と政治、経済、社会などの幅広い分野における諸問題について、英語で自由に討論できる能力があるかどうかが問われます。さらに、常識、マナー、判断力などの点で、真に国際人と呼ぶにふさわしい水準に達しているかどうかも審査基準になっています。

問題の傾向と対策

1次試験は、マークシートによる客観テスト（80点）と英作文（20点）から成り立っています（リスニングテストはありません）。

客観テストでは8題の大問が出され、各題ともほとんどが読解力だけでなく、表現力や総合力をも試すように工夫されています。各題の英文の長さは1000語を超えるものもありますので、速読力が求められます。トピックとしては、国連・国際事情に絡んだ政治、経済、外交、歴史、文化、科学や小説などから幅広く出題されます。

また、最初の大問は国連に関する知識を問うものです。そのため、指定テキストの『新わかりやすい国連と活動の世界』*New Today's Guide to the United Nations*（三修社刊）を読んで理解した上で、自分の言葉で論じることができるようにしておくことが必要です。

英作文では、約200 ～250語程度の小論文を作成できる知識・思考力・表現力が要求され、受験者の説得力ある意見の有無も考慮されます。

2次試験は1次試験合格者が対象の面接試験で、約15分間、ネイティブスピーカーおよび元大使や大学教授とディスカッションを行います。

面接でカバーされるトピックは主に、国連の理念と活動、時事問題、受験者の専門分野や仕事についてで、発音や文法のチェック、知識、判断力、表現力、マナーなどが審査されます。

【A級】

レベルと審査基準

問題の形式と内容が異なるため、他の英語検定試験との比較は困難ですが、国連英検A級は実用英語検定１級とほぼ同じ、あるいはそれより高いレベルといってよいでしょう。英字新聞や雑誌の記事を限られた時間内で理解できる、比較的高度な語句や表現を認識できる、またはあるテーマについて理論的な内容を英文で表現する、日常の身辺の出来事・時事問題などに関して、国籍や文化背景を異にする人々を交えて討議する能力も要求されます。

問題の傾向と対策

１次試験は、マークシートによる客観テスト（80点）と英作文（20点）から成り立っています（リスニングテストはありません）。

客観テストでは特A級と同じく、８題の大問が出されます。最初の大問は国連に関するものですので、指定テキストの『新わかりやすい国連の活動と世界』*New Today's Guide to the United Nations*（三修社刊）を読んでおくことが課題になっています。各題の英文の長さは約400～1000語程度で、速読力が求められます。その他の大問のトピックも特A級と同じく、国際問題、政治・経済・歴史・文化・科学や小説などが出題されます。

英作文では、約150～200語程度の英文を作成できる知識・思考力・表現力が要求され、受験者の意見の有無も考慮されます。

２次試験は１次試験合格者が対象の面接試験で、約10分間、ネイティブスピーカーとディスカッションを行います。

面接でカバーされるトピックは主に、国連の理念と活動・時事問題・自己紹介・日常の事柄についてで、発音や文法のチェック・知識・判断力・表現力・マナーなどが審査されます。

※国連英検２次試験（面接試験）の様子を紹介した動画が国連英検ホームページで公開されています。
http://www.kokureneiken.jp/about/interviewmodel

第I章

面接攻略

1.国連英検の面接試験とは

1 ▶ 面接で試される能力

特A級

時事を含む国内外のさまざまな課題や問題に関して、英語ネイティブスピーカーと同等レベルで討論できるか、また、グローバル的な思考を持ち、世界情勢をつかみながら広い視野から意見を述べたり判断力を駆使することができるかも試されている。グローバル人材としてのマナーや常識・器量・センスなども含まれる。

A級

日常会話から、時事問題を含む国内外のさまざまな課題や問題を説明でき、それらについて自らの意見を述べることができるか、また、グローバルな人材としての見識や振る舞いが備わっているかも試される。

2 ▶ 面接試験の流れ

特A級・A級の2次面接試験は、主に①ウオームアップ(個人に関する質問)→②国連・時事に関する質問→③締めくくり、の3つのパートから構成されている。面接時間は特A級が15分、A級が10分となっている。

1 Introductory warm-up

あらかじめ記入してもらった面接シートをもとに、学生時代の専攻や職業・趣味・海外渡航歴、なぜ国連英検に興味を持ったのかなど、ウオームアップとして受験者と簡単なやり取りを行う。例えば、次のような質問がなされる。

【質問例】

Oh, we see from your interview sheet that you are teaching English from 3 to high school. Please tell us what you find most interesting about your occupation.

【和訳例】

面接シートによると、3歳から高校生までの方に英語を教えているようですね。仕事の中でいちばん面白いと感じるのはどういったところか、教えてください。

【質問例】

We also noticed from your interview sheet that you have lived abroad. Please tell us about the countries where you have lived.

【和訳例】

面接シートからあなたが海外に住んでいたこともわかりましたが、住んだことがある国々について教えてください。

2 Interview

ウオームアップの後、本格的な面接に入る。ここでは、国連機関の活動をはじめ、国連と関連のある国内外のできごと、さらには政治・外交・経済など、広範囲にわたる時事的な話題についての質問がなされる。特A級では4～5問の質問が、A級では少なくとも2～3問の質問が想定される。ただし、受験者とのやり取りでもっと増えることもある。以下に、過去、実際に出題された質問を紹介してみる。

【質問例】

Food security has been a United Nations goal for many decades. What work has been done toward meeting this objective and what challenges do you see for the future?

【和訳例】

何十年もの間、食糧安全保障が国際連合の目標の一つです。この目標を達成するために、これまでにどのような活動がなされてきましたか。また、将来どのような課題があると思いますか。

【質問例】

Human-caused climate change is an enormous issue and a challenge to our planet. Can you comment on the role the World Meteorological Organization plays in addressing this problem?

【和訳例】

人類が引き起こした気候変動は大変大きな問題の一つであり、私たちの住む地球にとっての課題です。この問題に対処する上で、世界気象機関が果たす役割について、あなたの考えを述べてください。

【質問例】

With the crisis at the Fukushima nuclear plants, do you think it would be possible for Japan to come up with ways to function without atomic power?

【和訳例】

福島原子力発電所の危機がありましたが、日本がこれから原子力に頼らない方法を見つけることは可能だと思いますか。

3 Wrap-up phase

最後の締めくくりは、インタビューの残り時間を使って、受験者に発言する機会を与える。自分が関心を持っているトピックやできごとなどについて、自らの見解や意見を述べる時間にあたる。次のような質問がなされる。

【質問例】

Are there any current news or events that you'd like to share with us?

【和訳例】

最近のニュースやできごとで私たちと共有したいと思われることはありますか。

【質問例】

We'd like to invite you to talk about something you find important and we haven't asked about or discussed up until now.

【和訳例】

あなたが重要と思われることで、これまでに私たちが尋ねたり、議論したりしていないことがあれば、うかがいたいと思います。

2.国連英検の面接試験の採点基準

国連英検特A級とA級の面接は、以下の7つの項目について、10を最高に1から10までの段階評価（1～3=Weak、4～7=Middle Range、8～10=Strong）で、総合評価を判定している。特A級では総合評価で8点以上、A級は7点以上が合格となる。なお、国連英検特A級はCEFR※のC1レベル、A級はB2レベルに相当する。

面接シート
INTERVIEW SHEET

受験級	受験番号

Name	
氏名	

【記入上の注意 Notes】

1. 下記の各項目を英語で記入して下さい。ただし、答えたくない項目は記入しなくて構いません。
2. 記入された内容や記入量によって、試験の採点が影響されることはありません。

a. Family 家族（例：Father, Mother, Two brothers, One daughter）

b. Home Address 現住所（区、市、郡まで。例：Nerima-ku, Tokyo）

c. Occupation 職業（例：Student, Office worker, Housewife, Bank clerk）

d. Special Qualifications 特技（例：Computer）

e. Education 教育（専攻のみ。例：Western History, Economics）

f. Hobbies, Interests, Special Concerns 趣味・興味を持っていること（例：Tennis, World Peace）

g. Your Favorite Authors 好きな作家・愛読書（例：Dickens, B.Russell）

h. Persons You Respect 尊敬する人物（例：My Father, Lincoln）

i. Foreign Countries Visited 海外経験（なければ None, あれば場所、時期、期間、目的）

j. Foreign Countries You Want to Visit 訪れたい国（例：India, Ireland）

1 ▶ Comprehension（聴解力）

自然な速さで話される英語が聞き取れ、正しく理解できているか、また発言の意味や意図を正しく汲み取ることができているかなど、理解面に関する能力。

2 ▶ Speaking

Pronunciation（発音）

聞き取りやすさ、明瞭さ、リズム、イントネーション、ストレスなど音声面についての能力。

Fluency（流暢さ）

話す速度や、なめらかさ、間の取り方、ためらい音、ポーズなど英語を流暢に駆使する能力。

Structure（文法）

語法や文法的な正しさ、複雑な構文の使用など、主に形式面を正確に使いこなせる能力。

Vocabulary（語彙）

正確でかつ状況に合った適切な単語やイディオム、慣用フレーズなどを使いこなす能力。

3 ▶ Communication（コミュニケーション力）

言い淀み、発言修正、聞き返しなどの状況で、コミュニケーションがスムーズに流れるためのストラテジーを効果的に駆使できる能力。ジェスチャーや顔の表情、アイコンタクトといった非言語や態度・振る舞いなどの側面も含まれる。

4 ▶ Knowledge（国際情勢に関する知識）

現在、世界（日本を含む）が直面している課題や問題についての知識。また、それらについての自らの分析や意見などを持ち合わせているかも含まれる。

次に、特A級とA級の面接試験の総合評価基準（evaluation standard for SA & A interview test）は次のとおり。

10 ポイント（full score）

英語を流暢かつ正確に、自由に使いこなす能力を有する。国際問題等の込み入った議論にも完全に対応でき、議論しているテーマを幅広く適切に展開することができる。

9 ポイント

英語を自由に使いこなす能力を有する。国際問題等の込み入った議論にも対応できる。

8 ポイント

不正確さは多少みられるが、英語を自由に使いこなす能力を有する。国際問題等の込み入った議論にも概ね対応できる。

7 ポイント（passing grade）

不正確さはみられるが、概ね効果的に英語を使いこなす能力を有する。国際問題等の込み入った議論にも自身の得意分野であれば対応できる。

6 ポイント

不完全だが英語を使う能力を有する。ほとんどの状況でおおまかな意味を把握することができる。国際問題等の議論は、自身の得意分野であれば、ある程度まで対応できる。

5 ポイント

ある程度までは英語を使う能力を有する。ただ理解力・表現力の問題が頻繁にみられる。国際問題等の込み入った議論の対応は困難なことが多い。

4 ポイント

コミュニケーションが途切れることが頻発する。国際問題等の込み入った議論の対応は困難である。

3 ポイント

英語の会話や文章を理解する力が不足しており、コミュニケーションをとることは困難である。

2 ポイント

コミュニケーションをとることは不可能で、英語を使用する能力を有していない。

1 ポイント

評価できる情報が提供されていない。

※Common European Framework of Reference for Languages : Learning, Teaching, Assessment の略で「外国語の学習、教授、評価のためのヨーロッパ共通参照枠」の意。欧州における外国語教育向上のために第二言語の使用、教育方針や学習者の達成度などさまざまなことについての共通理解を持つ必要性から、欧州評議会（Council of Europe）が開発した国際基準。

3. 国連英検の面接試験攻略法

1 面接トピックスの傾向

国連英検は、国連の理念である「国際協力」「国際理解」をコンセプトに、「真に役立つグローバル・コミュニケーション能力」の育成を目標としている。したがって、出題トピックも国連の活動に沿って、世界平和、地球環境、世界政治、世界経済、人権、食品、医療などの世界情勢・国際時事問題など多岐に渡っている。また、日本を世界に発信していくことも重要との考えから、国外だけでなく国内のさまざまな問題も含まれている。以下に主な出題トピックをあげてみる。

【トピック例】

- Affordable and Clean Energy（エネルギーをみんなにそしてクリーンに）
- Atomic Weapons（核兵器）
- Climate Change（気候変動）
- Culture and Fashion（文化・ファッション）
- Economic Development（経済開発）
- Education（教育）
- Endangered Species（絶滅危惧種）
- Environment（環境）
- Gender Equality（男女平等）
- Global Warming（地球温暖化）
- Health and Medicine（健康・医療）
- Humanitarian Aid（人道支援）
- Human Rights（人権）
- Information and Communication（情報と通信）
- International Relationships （国際関係）
- Law, Crime Prevention（法律、犯罪防止）

・Peace and Security（平和・安全保障）
・Poverty and Hunger（貧困・飢餓）
・Refugees（難民）
・SDG s （持続可能な開発目標）
・Stereotypes and Racism（固定観念と人種差別）
・Terrorism（テロリズム）
・The Red Cross and Red Crescent Movement
（国際赤十字の活動）
・UN Affairs, Secretary-General（国連活動、国連事務総長）
・Women, Children, Population（女性、子ども、人口）
・World and Regional Politics（世界・地域政治）

以下は、過去に実際に出題された質問例。

【質問例】

According to UNICEF, more than 200 million children aged 5-17 are said to be engaged in child labor. Many of them are the targets of violence, exploitation and abuse. What do you think would be the best solution to protecting children from working under atrocious conditions?

【和訳例】

UNICEFによると、５歳から17歳の２億人を超える子どもが児童就労に従事していると言われています。彼らの多くが暴力や搾取、虐待の標的となっています。非人道的な状況下で働く子どもを守るための最も良い解決方法は何だとあなたは考えますか。

【質問例】

A terminally ill American woman in Oregon took lethal medication prescribed by a doctor and passed away. She was weeks shy of her 30th birthday. It caused a lot of heated debates all over the world. What do you think about the decision to end one's own life if they're suffering from an incurable disease?

【和訳例】

末期症状にあるオレゴン州のアメリカ人女性が、医者によって処方された致死性薬物を服用して亡くなりました。彼女の30歳の誕生日まで数週間というときでした。それが引き金となり、世界中で多くの熱い議論が巻き起こりました。不治の病で苦しんでいる人々が自らの命を絶つという選択をすることについて、あなたはどのように考えますか。

【質問例】

Despite many concerns about the secrecy laws, some experts believe that establishing a Japanese NSC (National Security Council of Japan) will be a positive step. What do you think are the benefits of this that Japan can reap?

【和訳例】

秘密保護法について多くの関心が寄せられていますが、専門家によっては日本版の国家安全保障会議を創設することが前向きな一歩となるだろうと考える方もいます。そうした場合、日本はどのような恩恵を受けられるとあなたは考えますか。

【質問例】

In today's world, natural disasters such as earthquakes, tidal waves, and hurricanes are happening more often in recent years. What are the contributing factors to these events? And how should Japan with many experiences of natural disasters in the past history take the initiative and contribute to the rest of the world?

【和訳例】

今日の世界では、地震や高波、ハリケーンなどの自然災害がここ数年の中でもより頻繁に起きています。それらの要因は何でしょうか。また、過去の歴史の中で多くの自然災害の経験を持つ日本は、世界に対してどのように主導権をとり、貢献すべきでしょうか。

2 ▶ 面接の対策

国連英検特A級・A級の面接で必要とされている重要な能力とは、一言で言うなら、今まさに地球上で問われているさまざまな国際・国内問題や世界情勢についての認識と分析力、そしてそれらを口頭で伝達できる英語口頭表現能力、さらに自らの意見を筋道立てて相手を説得できる論理力だと言える。

実際の面接では、面接官からさまざまな質問が飛んでくるため、受験者にはこれらに適切に対処しながら、賛成や反対意見を理路整然とコメントすることが期待されている。

そのためには、まず普段から新聞やニュース、雑誌、さらには国連の活動や国際情勢を扱っている専門のサイトなどを通じて、日々情報に触れておくことが何よりも大切になってくる。その際、付け焼き刃的な浅い知識では、面接で中身のあるやり取りはできない。そこで歴史的背景から、国際関係や世界が直面する課題などを扱った概略書や入門書などを一読して、包括的な知識を入れておくことも重要になってくる。

具体的な対策方法としては、まずは日本語で、国連がらみで世界の国・地域が現在抱えている諸問題、または共通の課題などをまとめ、それから英語に直していくというステップを踏むと効果的である。その際、「①問題→②原因→③対応（解決）策」という観点から、自分の言葉で簡潔に整理しておくことをお勧めする。こうすることで理解が深まり、記憶の定着にも役立つばかりか、本番の面接でも、ここで蓄えておいたひな型を柔軟に応用・発展させることで、思わず言葉に詰まって黙り込んでしまう、あるいは「その件についてはわかりません」という致命的な返答を回避することができる。

もう１点、普段の準備で大切なことは、声に出して英語を実際に話す練習を積んでおくことである。これをしておかないと、本番の面接ではスムーズに英語が口をついて出てこないばかりか、面接官とのぎこちないやり取りに陥ってしまう可能性がある。

英語を外国語として学ぶ環境にある多くの日本人にとって、英語で発話する際は、内容面に注意を払うほかに、単語・フレーズ・文法・構文の組み立てなどにも同時に注意を払わなければならない。限られた注意資源を有効に活用し、内容面にもっと多くのエネルギーを割くには、後者の形式面が高速的、反射的に口から出てくるようにしておかなくてはならない。

本番の面接時では、この二つの作業を同時並行的に行うため、どうしても注意力が形式面に集中し、肝心の内容面がおろそかになってしまうことが多々ある。また、その逆も然り。この偏りを矯正するため、英文が反射的にスラスラ言えるようになるまで実際に声に出して練習しておくことはとても重要だと言えよう。よく舞台やドラマの役者は、本番では台本なしで役を演じなくてはならないため、セリフを完全に自分のものにするまで徹底して繰り返し練習している。ある意味、英語による面接試験も、これと同じだと考えることができる。本番で十分実力を発揮するためにも、ぜひ役者になって、お芝居のセリフを覚えるつもりで取り組むといいだろう。

なお理想的には、学校や専門の機関などで国連英検の面接を想定した質疑応答を繰り返すことが望ましい。それが無理な場合、スクリプトがついているニュースサイトを利用して、国連英検に出題されそうなテーマを選び、発音だけでなく単語・語句の意味・文法・構文などの形式面がきちんと理解できた英文をお手本に、そっくりしゃべれるまで何度も声に出して練習するといいだろう。その際、リズム・イントネーション・間の取り方・テンポに至るまで細大漏らさず再生するように努め、スクリプトを見ないでもスラスラ言えるようになることを目標にしよう。このようにして自由に使えるチャンク（意味のかたまり）や、フレーズ、英文を内在化することができる。

3 ▶ 面接時に使えるフレーズ（言い回し、表現等）

英語で意見や考えを述べる際、ただダラダラと思いついたことを述べていては、相手にきちんと意図が伝わらない。スムーズにかつ効果的に話を進めるには、結束性（cohesion）・意味的連結（coherence）・まとまり（unity）といった点が重要になってくる。その際、役に立つのが機能的なフレーズである。ここでは、国連英検の面接で使えるものを掲載してみる。たくさん持ち合わせて実際に使えれば、表現に多様性も出る上、適切な構成をもって相手に伝えられるようになるだろう。

「反対」を述べたいとき：

I find it difficult to support ～'s opinion.
（～の意見を支持するのは難しいと思います）

I don't agree with the idea that ～
（～という考えには賛成しません）

I don't approve of what ～is/are suggesting.
（私は～が提案していることを認めません）

I don't think ～when……
（…な場合は、～だと思いません）※限定的に主張を述べたいとき

I'm not in favor of ～　（～には賛成しません）

I'm against ～/ I'm opposed to ～（～には反対です）

I think ～is overlooking something important.
（～は何か重要なことを見落としていると思います）

I think the idea of ～is a little extreme.
（～の考えは少し極端だと思います）

It might be better in some ways, but ～
（それはある意味では優れているかもしれませんが、～）

They're right in a sense, but ～
（彼らはある意味正しいです、しかし～）

「意見の相違」を述べたいとき：

I see it differently. （私は違う見方をしています）

That may be true, but my thoughts are ～

（それは正しいかもしれませんが、私の考えでは～）

That's an interesting view. What makes sense to me is ～

（それは興味深い見解です。私が合理的だと思う考えに～）

That's not the way I see it.（それは私の見解とは違います）

That's one perspective, but I have a different one.

（それは一つの見方ですが、私には別の見方があります）

「同意」を述べたいとき：

I completely concur in ～'s opinion.（～の意見に全く賛成です）

I don't oppose what ～ said.（～が言ったことには反対しません）

I endorse ～（～を支持します）

I favor the proposal. （その提案に賛成です）

In one way, they're right.（ある意味では彼らは正しいです）

I stand together on the fact that it is ～

（私はそれが～であることについて同意しています）

I'm for ～（～に賛成です）

There's a general agreement on this/that point.

（この/その点については一般的に意見が一致しています）

「重要性」を述べたいとき：

A great thing about ～is……（～の素晴らしい点は…です）

Another great thing about ～is……

（～の他の素晴らしい点は…です）※別のいい点を引き合いに出すとき

It is apparent/obvious/evident that ～（～は明らかです）

It is important to note that ～（～に注目することは大切です）

The thing is ～（私が言いたいことは～です）

There is no denying that ～（～は否定できません）

What matters/counts most is that ～（最も大切なことは～です）

「逆説」を述べたいとき：

But the fact remains that ～
（しかし、～という事実も依然残ります）

Contrary to popular notions, ～（一般認識に反して、～です）

Indeed ～，but……（確かに～ですが、しかし…）

On the other hand, ～ （逆に～です）

What ～say is true, but……（～が言っていることは本当だが、…）

「比較」を述べたいとき：

～are so much better for……
（…には～のほうがずっといいです）

It's better to ～than to……（…するより～したほうがいいです）

It's not as ～as……（…ほど～ではないです）

Nothing is better than ～（～に勝るものはありません）

There are some differences/similarities between A and B.
（AとBとの間にはいくつかの相違点/類似点があります）

～is different from A in that B
（～はBという点でAとは異なっています）

～is superior to……（～は…より優れています）

「言葉のつなぎ」に使える表現：

According to a survey,（ある調査によると）

All things considered,（すべてを考慮すると）

As a matter of fact,（実は）

As a result/Accordingly,（その結果、それで）

As far as I'm concerned,（私に関して言うと）

Aside from ～（～は別として）

As opposed to ～（～とは対照的に）

At this moment in time,（現時点では）

By definition,（定義上は）

By the same token,（同様に）

Consequently, (その結果)
Considering that ～ (～を考慮すると)
Despite ～/ Regardless of ～ (～にもかかわらず)
Due to ～/Owing to ～ (～が原因で、～のおかげで)
Eventually, (最終的に)
For instance/example, (例えば)
For the time being, (さしあたり)
From the ～ point of view, (～の見地から見ると)
※～にはglobal, historical, economicなどが入る
Given the situation, (その状況を考慮すれば)
In addition to ～ (～に加えて)
In conclusion, (結論として)
In contrast, (対照的に)
In general, (概して)
In my view/opinion, (私の見解/意見では)
In other words, (言い換えれば)
In reality, (現実には)
In retrospect, (振り返ってみれば)
In that case, (その場合は)
In this day and age, (今日)
In this respect/regard, (この点で)
Ironically, (皮肉なことに)
Judging from ～ (～から判断すると)
Moreover/Besides/Furthermore, (さらに)
Needless to say, (～は言うまでもなく)
On further reflection, (さらによく考えてみると)
On the whole, (概して)
Otherwise, (さもなければ)
Plus ～ (それに～)
Speaking of ～ (～と言えば)
Statistically speaking, (統計的に言うと)

Thanks to ～ （～のおかげで）
Therefore, （故に、そのために）
Thus, （したがって）
To be candid/Frankly speaking, （率直に言うと）
To make matters worse, （さらに悪いことには）
To put it differently, （違う言い方をすると）
To put it in an extreme way, （極論すると）
To sum up/ In summary, （まとめますと）
Under any circumstances, （いかなる場合でも）
Without a doubt, （疑いなく）

「うまく回答できない緊急時」に使える表現：

I hope I can answer your question well.
（ご質問にうまく答えられるといいのですが）
I think my answer may be a little off the point, but ～
（私の回答は少し要点がずれているかもしれませんが～）
My mind went blank. （頭の中が真っ白になってしまいました）
That's a good question. （いい質問です。（少し時間をください））
Could I rephrase the point of your question in terms of ～
（ご質問の要点を～の観点から言い換えてもよろしいでしょうか？）
Would it be all right if I understand your question this way?
（ご質問はこのように理解してよろしいでしょうか？）
Would you be more specific?
（もう少し具体的におっしゃってくれますか？）

便利なフレーズ＆言い回し：

All they/we/you have to do is to ～ （～だけさえすればよい）
Based on my analysis, ～ （私の分析に基づくと～です）
I can say for sure that ～ （はっきり言えることは～です）
I have good grounds for believing ～

（私には～を信じる十分な根拠があります）

I'll talk about the advantages and disadvantages of ～

（～のメリットとデメリットについて話します）

I may be exaggerating a little bit, but ～

（少し大げさかもしれませんが～）

I'm neither for nor against the ideas of ～

（～という考えについて賛成でも反対でもありません）

※中立の立場

I question the idea in solving ～

（～を解決する考えに疑念を抱いています）

It appears there's no explanation from the viewpoint of ～

（～の視点からの説明がないように思われます）

It/That depends on the situation, but ～

（状況にもよりますが～）

It is a shame that ～（～だとは残念です）

It is no surprising that ～（～なのは驚きません（＝当然です））

It is often pointed out that ～（～とよく指摘されています）

It is reasonable to think that ～

（～であると考えるのが合理的です）

It seems legitimate to suppose that ～

（～ということを推論するのは妥当に思われます）

It seems to be groundless to assume that ～

（～であると仮定することは根拠のないことのように思えます）

I think there's something in common between ～

（～の間には共通点があると思います）

I will place the focus on ～（～に焦点を当てたいと思います）

My analysis showed that ～（私の分析の結果～がわかりました）

One negative consequence of ～is…

（～がもたらすマイナスな結果の一つは…です）

One of the main reasons to ～is…

（～する主な理由の一つに…があります）

That's a word for ～（それは～を表す言葉です）
That's partly because ～（それは一部には～だからです）
That's the same with ～（その点は～も同じです）
The analysis I'm presenting is based on ～
（私が提案している分析は～に基づいています）
The reality is that ～（現実的には～）
There are pros and cons to ～（～には賛否両論あります）
There is a strong possibility that ～
（～という可能性は高いです）
There is little doubt that ～
（～は疑いの余地がほとんどありません）
There is still a matter for debate on that.
（それに関しては議論の余地があります）
There's some truth in ～（～には一理あります）
This issue remains an unsolved mystery.
（この問題は依然として未解決のままです）
This point proves to be problematic in terms of ～
（このポイントは～の点で問題であることがわかります）
This stems from the fact that ～
（これは～ということから発生しています）
We're now living in the age when ～
（私たちは今～という時代を生きています）
What I'm concerned about is ～
（私が心配していることは～です）
What I mean is that ～（私が言いたいことは～です）
～actually is not 100% feasible
（～は100%実現可能とは限りません）
～can lead to……（～は…につながります）
～contribute to……（～は…の一因となっています）
～have to keep in mind that……
（～は…を心に留めておく必要があります）

~is a case in point（~はまさにその一例です）
~is/are facing a great risk of……
（~は…の大きなリスクに直面しています）
~look workable but actually is not perfect
（~は実行可能に見えますが、実際完全ではありません）
~place emphasis on……（~は…に重点を置いています）
~play an important role in……
（~は…に重要な役割を果たします）
~pose a threat to……（~は…に対する脅威となります）
~produce a good effect on……
（~は…にいい影響を与えます）
~will bring benefits to……
（~は…に恩恵をもたらすでしょう）
~will heighten public awareness about……
（~は…について人々の意識を高めるでしょう）
~will result in……（~は結果的に…をもたらすでしょう）

4 ▶ 面接必勝法

まず、国連英検特A級・A級で合格するには、質問されたトピックについて、どれくらい自分の意見や見解を論理的かつ明快に述べられるか、また面接官からの反論などをうまくさばけるか、という点が重要になってくる。さらに発音・リズム・イントネーションなどの音声面、語法・文法などの正確さ、幅広い語彙、対人コミュニケーションを円滑に進められるスキル、またはコミュニケーションを持続させ、豊かにするためのさまざまな方策がとれるか、など総合的な英語力も必要とされている。

A級は、世界各国の人々との討論に参加し得る口頭能力を備えていることが条件になっていて、特A級に至っては、国際会議に参加して意思を伝え、自由に討論できる能力を保持し、利害交渉や課題の発見・分析だけでなく、解決策までも提案できる力が要求されている。

以下に、面接の際に見られる減点となるポイントをいくつかあげておくので、十分注意して本番に臨むといいだろう。

発声が弱く声の大きさ明瞭さに欠ける

ぼそぼそと自信がなさそうに小声で話すため、聞き取りにくく、何度も聞き返しが生じ、面接官とのやり取りに支障が出てしまう。

語彙や表現が乏しい

同じ語句の重複が見られたり、表現にバラエティーがなく、受験級に見合った語彙力がない。

語法や文法が不正確

語法や基礎的な文法などの正確さに欠ける。

発話のボリュームが少ない

質問に対して単調で短い返答が多く、対話の流れがぎこちなくなり、会話に発展性がない。

話のまとまりに欠ける

ほどほどの流暢さで話せるものの、内容に一貫性がなかったり、まとまりが悪いため、要点が把握しづらい。

主張の根拠が弱い

自らの発言をうまくサポートする事例や統計などが乏しいため、説得力に欠け、アーギュメントが弱い印象を与えてしまう。

国内や国際情勢の知識が乏しい

英語の発音も良く流暢に話すことはできるが、国際情勢、国連機関や活動を含む当該質問トピックに関する知識が欠けているため、返答が表層的になったり、的を射たものではなく、そのトピックの周辺のことに始終してしまう。

以上、これらに気をつけて、コミュニケーションの流れを断ち切らないよう、落ち着いて自信を持って面接に臨むといいだろう。ときにユーモアを交えたり、情報豊か（informative）な内容を提供でき面接官を引きつけることができれば、合格がぐっと近づいてくるはずである。

5 ▶ 国連英検の面接勉強法（まとめ）

まずは、国連の知識を得るために国連英検指定テキストである『新わかりやすい国連の活動と世界（*New Today's Guide to the United Nations*）』（公益財団法人日本国際連合協会著　三修社刊）を熟読し、国連についての包括的な知識を頭に入れておくことをお勧めする。特に国連の主要機関や各専門機関の活動などは、面接の返答時に、質問トピックと絡めて答えられると高得点につながるため、入念に読み込んでおきたい。

また日頃から、国内外の英字新聞や国連のホームページをチェックし、そこで使われている語句を仕入れておくことも有効だと言える。特に特A級は、1万語レベル以上の難易度の高い語彙やpreemptive attack（先制攻撃）、artificial tidal flats（人工干潟）などの軍事、環境といった分野で耳にする専門用語なども使えると、面接ではプラスに働くであろう。さらに国名や時の首相名なども話したり聞いたりする際、意外と発音でとまどう受験生が多くいるため、しっかり確認しておきたい。

学習のコツは、しばらく続きそうなニュースなどを選んで、日々追いかけることが効果的。同じニュースに触れ続けることで、復習にもなるし、記憶の定着にも役立つ。その際、音声が利用できるのであれば、発音しながらノートなどに手書きで書き込むことをお勧めする。できれば、単語を書き込む際は、例えばa blunderだけではなくcommit a blunder（失策する）、a threatだけではなくpose a threat（脅かす）のように一緒に使われている単語とセットにすると、アウトプットで使おうと思ったときに威力を発揮してくれる。このように、実際に声に出す、意味をひとかたまりで覚える。この2点がポイントになるだろう。

なお、歴史的な背景知識が必要な案件については、インターネットなどで母語の日本語を通じて情報を入れておくことで、理解が格段に進む。「2▷面接の対策」で述べた手法と合わせて、十分準備をした上で、本番の試験に臨んでほしい。

最後に、やはり成功の鍵を握るのは何と言っても、質問に対し的を射た返答ができる。そして、どんな質問が来ても躊躇なく即座に対処できる。これに勝るものはないと言っていいだろう。それには、予想される質問とその回答の問答集を作成し、徹底的にシミュレーションを繰り返し準備しておくことに尽きると言えよう。

第Ⅱ章

面接実践

この章では、特A級・A級における面接の実際を再現してみる。各級の高スコアレベルと低スコアレベルを比較提示することで、どういった違いがあるのか、またどのような話の内容や展開をすればいいのか、その具体的なアイデアが見えてくるのではないだろうか。自分ならどう返答するかを念頭におきながら、じっくり観察してみよう。

1. 特A級面接模試と解説

1 ▶ スコア9～10レベル

Interviewer 1 : Good morning. Please come in.

Interviewer 2 : I can take your papers. Please put your belongings on that chair if you wish. You can sit down here.

Candidate : Thank you. Do I give you all of these papers?

Interviewer 2 : We just need your candidate profile sheet and the two scoring sheets.

Interviewer 1 : Now that we are all seated, let's begin. I see, from your information sheet, that you are studying medicine. Please tell us a little bit about what you find most interesting in your studies.

Candidate : Well, I'm interested in the area of public health. It's about how access to things like green spaces and learning about exercise and nutritious eating can be so important in keeping people healthy.

Interviewer 2 : Can you tell us how that happens?

Candidate : Certainly. With green spaces, for example, we know people enjoy walking around parks and gardens. On its own, walking is a healthy activity, it's good exercise and people might even try to make themselves stronger at fitness stations set up along trails and walking paths. When people are in nature it's … well, it's natural for them to think about food that is growing outdoors. People think about healthy food and healthy eating. And I think that's part of people taking responsibility for their own health. They may also be thinking about how we can have a healthier country and, maybe, a healthier world. So many issues are connected.

Interviewer 1 : That is true, and thank you for sharing your insights with us. Now, could you please tell us how you became interested in the work of the United Nations?

Candidate : Yes, it's because I think that there are so many things that keep people healthy. Basic sanitation, like sewage and garbage treatment and having enough clean water, is important for keeping people healthy and the United Nations does so much to promote public health. I also think that things like caring for the environment are part of making sure that we live in a healthy world. I talked about nutritious eating as part of good health, but the truth in so many places in the world is that people just don't have enough food. Starvation and malnutrition are certainly causes of disease. And there is also the main reason for the existence of the United Nations—peace. I can't think of anything that's worse for people's health than being in a war.

Interviewer 2 : Well, you have certainly touched on a great many important issues. Could you name some of the specialized agencies, or commissions, or organs of the United Nations that are tasked with finding solutions to these problems?

Candidate : To begin with, I think UNICEF is important. It helps children who need food and protection in places where their lives and health are being threatened; and another organization is…

Interviewer 1 : With apologies for interrupting you, I'm going to break in and ask you to tell us a little bit more about the details of UNICEF before you go on to any other organizations.

When was it started? What is its mandate? How has its role changed? What is its position within the United Nations organization? Where is it actively operating right now? How does it perform its role? Please speak to any of those questions.

Candidate : Oh, yes. I can tell you about some of those things. Do I have to answer all of your questions in the order that you gave them? Actually, I don't think that I can remember exactly what the order was.

Interviewer 1 : Please speak about the parts you feel are most important.

Candidate : Okay, I can start by talking about how and why UNICEF was started. It was after the Second World War, around 1946, and the idea was to provide emergency medical relief for children who were suffering the effects of wars in Europe and in other parts of the world. The fund was to support child health. I think the letters originally meant United Nations International Children's Emergency Fund; later, the idea expanded to include long-range needs of children. Nutrition, support for mothers, water for sanitation, funding for education—especially in areas like pediatrics and childcare—, focusing on children's rights and women's rights, all became part of the ongoing work of UNICEF. So, that's its mandate and how it changed. Right?

Interviewer 2 : Yes, that's correct. Can you tell us how UNICEF fits into the United Nations organization and its current operations?

Candidate : UNICEF is a specialized agency; so it can coordinate its activities with other UN organizations. It still provides emergency relief to children, even though its official name is United Nations Children's Fund. The words international and emergency aren't in its name anymore, but they're still part of what it does and I always found that to be interesting. Anyway, there are UNICEF programs operating in about 190 countries worldwide. Disasters and challenges that hit countries all around the world hit children the hardest, so there are a lot of emergencies; some are related to wars and civil strife, like in Yemen and Somalia; some are related to things like desertification due to climate change, like in sub-Saharan Africa. All of them have an impact on children and all of them are connected with some aspect of health, too.

Interviewer 1 : You mentioned that UNICEF could coordinate its activities with other UN organizations. Can you give us some details or examples of when that may take place?

Candidate : Certainly, yes... now there are over a million Rohingya people in Bangladesh refugee camps. They came from Myanmar about three years ago to escape a military crackdown. UNICEF is doing its part to support the needs of children and families. It is also coordinating with the WHO, so that health needs can be met; the UN World Food Program is trying to provide adequate nutrition for everyone there. Often, UNICEF may be the lead agency that goes in and get an idea what kind of help is needed and then has an inter-agency meeting with other UN specialized support agencies to help manage and organize and direct—to coordinate—the most efficient and effective way to provide relief.

Interviewer 1 : Thank you. I'd like us to move from the present, and into the future, to ask you to pick up on some of the other areas that are posing global health challenges.

Candidate : You mean, for example, to talk about SDGs Goal 3 or the Covid-19 pandemic?

Interviewer 1 : Yes.

Candidate : Well, the goal of ensuring healthy lives and promoting well-being for everyone at every age—the motto of SDGs Goal 3—became enormously more challenging because of the Covid-19 pandemic. There were so many upsets to healthcare that decades of improvements could be at risk. We know that fewer than half of all the people in the world have necessary health services and we also know that the pandemic has caused the suspension of childhood immunization programs in about 70 countries.

Interviewer 2 : Could you discuss some of the goals and challenges that you feel most strongly about?

Candidate : Yes, as someone who is planning to be a healthcare professional, there are two points that I think really go together. The first is that health personnel are being strained past their limits in the places where their services are needed the most; second is the fact that countries have greater capability to detect than to respond to public health emergencies. We know this second point is true because the International Health Regulations require countries to report disease outbreaks and public health emergencies to the WHO. Being able to respond means having skilled people who are available to respond.

Interviewer 2 : How does this touch on some of the other points that you mentioned earlier?

Candidate : Well, I know that SDGs Goal 3 aims at supporting greater investments in maternal health in the poorer parts of the world, where there are over a quarter of a million deaths yearly due to pregnancy and birth complications. That's certainly linked to children's health. Two other areas, diseases relating to environmental pollution and infectious diseases, are among the priorities for SDGs Goal 3. I think it's clear to most people that environmental issues are also health issues. And, since we were just talking about Covid-19, I think almost everybody in the world must understand that diseases don't have borders and that the lack of good health in one part of the world puts everyone in the world at risk.

Interviewer 1 : We are getting close to the last three or four minutes of our interview. Thank you for our interesting conversation. Now, we invite you to discuss something you find important and that we have not asked about or discussed up until this point.

Candidate : Thank you. I just want to say that I was

really happy to have the chance today, with you, in this interview, to talk about so many things that I have been thinking about and to see how they're all connected to each other in one way or another. And one thing that we didn't talk about, that's important to me, is about how we sift through or work through all of the information that we hear on so many world issues. It's true that people on every side have their own opinions, but we need to decide our opinions based on facts and we need to get facts from people who are experts. I talked about it only a little bit when I talked about how countries have to report health issues to the WHO. For me, it's important to get information from people who are experts and who also have direct experience and that's why the United Nations news service and websites are so important to me. I think there needs to be a lot more publicity so that people know, first of all, that they can get clear facts about the world from the United Nations communications. Other opinions may be conflicting, confusing, or merely attempting to be entertaining. UN's on-location reportage gives us a reliable standard for evaluating them. I think that's important.

Interviewer 1 : We appreciate you making the time to

come here and share your opinions and insights with us. Thank you for responding to our questions and telling us your ideas about many different aspects of the United Nations and its work.

Interviewer 2 : Yes, thank you for going through so many important subjects with us and for your commitment to making the world a healthier place. Please have a good afternoon and rest of the weekend.

Candidate : Thank you and goodbye.

【和訳例】

面接官１： おはようございます。お入りください。

面接官２： 書類をお預かりします。よろしければ持ち物はあの椅子に置いてください。こちらにお座りください。

受 験 者： ありがとうございます。この書類はすべてお渡ししてよろしいでしょうか。

面接官２： 面接シートと２枚の面接評価シートだけで結構です。

面接官１： それでは全員着席しましたので、始めましょう。面接シートによりますと、あなたは医学を学ばれているようですね。あなたの研究の中で最も興味深いと思うことについて少しお話しください。

受 験 者： そうですね、私は公衆衛生の分野に興味があります。

公衆衛生とは、緑地のようなものに触れたり、運動や栄養のあるものを摂ることについて学ぶことが、人々を健康に保つのにいかに重要となりうるかを研究することです。

面接官2：それがどういう仕組みで起こるのか教えてもらえますか。

受 験 者：もちろんです。例えば、緑地がありますと、人々は公園や庭の周りを歩くのを楽しみます。歩くことはそれ自体が健康的な活動です。良い運動ですし、人によってはさらに道や歩道沿いにあるフィットネスステーションでより強く鍛えようとさえするかもしれません。人は自然の中にいますと、そうですね、外で育っている食べ物について考えるのは当然のことです。人々は、健康的な食べ物や健康的な食事について考えます。それは人々が自分自身の健康に責任を持つことの一環になりうると思います。そしてさらにまた、どうしたら私たちが健康的な国や、例えば健康的な世界にできるかといったことについても考えているかもしれません。すなわち、大変多くの問題が関連し合っているわけです。

面接官1：確かにそうですね。お考えをお話しいただきありがとうございます。ではここで、あなたがどのようにして国連の活動に興味を持つようになったのかお教えいただけますか。

受 験 者：はい、なぜかと申しますと人々の健康を保っていることはたくさんありまして、下水やゴミ処理、十分にきれいな水を確保するなどの基本的な公衆衛生は、人々が健康であるために大切です。国連は、公衆衛生を推進するために大変多くのことを実施しています。また、私は環境に気を遣うというようなことも健康的な世界に住むのを確実にするための一つの方法だと考えます。私は栄養があるものを摂ることが健康の一環だと述べましたが、実際は世界の多くの場所で人々はとにかく十分な食事がありません。飢餓や栄養失調は間違いなく病気を引き起こします。そしてさらに、国連の平和活動が存在する主な理由があります。戦争時ほど人々の健康に悪いものは思いつかないからです。

面接官2： さて、確かにあなたは重要な大変多くの問題について触れました。それらの問題の解決策を見つけていく上で仕事を任せるべき国連の専門機関や委員会、組織の名前をいくつかあげていただけますか。

受 験 者： 第一に、私はユニセフが重要だと考えます。ユニセフは、命や健康が脅かされている場所で食糧や保護が必要な子どもたちを援助しているからです。また他の組織として…

面接官1： 中断させてすみませんが、あなたが他の組織について述べる前に割って入らせていただいて、もう少しユニセフの詳細について私たちに教えてください。ユニセフは、いつ発足しましたか。使命は何であり、その役割はどのように変わってきたでしょうか。国連組織の中では、どのような立ち位置でしょうか。実際に今どこで活動していますか。どのように役割を果たしていますか。どの質問に対してでも良いので、話してください。

受 験 者：はい、いくつかお話しします。今お話しいただいた順番ですべての質問にお答えすべきでしょうか。実際、正確にその順番を覚えておりませんけれども。

面接官１：あなたが最も重要だとお感じになる部分についてお話しください。

受 験 者：わかりました。ユニセフがどのように、そしてなぜ発足したかということについて、まずお話しいたします。ユニセフが発足したのは1946年頃、第二次世界大戦後であり、ヨーロッパや世界各地で戦争の影響で苦しんでいる子どもたちに緊急医療援助を提供しようという考えのもとに発足されました。その基金は、子どもの健康を援助することになっていました。もともと、文字どおり国連国際児童緊急基金だったと思いますが、後に長期的な子どものニーズも対象に含めるために、目的が拡大されました。子どもの権利や女性の権利に焦点を当てながら、栄養や母親への援助、公衆衛生用の水、特に小児科や保育のような分野での教育に対する資金提供など、すべてが現在ユニセフの行っている仕事となりました。つまり、今述べたことがユニセフの使命と変遷です。それで正しいでしょうか。

面接官２：そうですね。その通りです。国連の組織や現在国連が行っている業務に、ユニセフがどのように適合しているのかお話しください。

受 験 者：ユニセフは専門機関ですから、活動を他の国連組織と連携させることができます。正式な名前は国連児童基金ですが、児童への緊急援助もまだ行っています。今では国際とか緊急という言葉は名前の中には入っていませんが、いまだにその一部を行っています。この点興味深いと私は常々思っていました。とにかく、世界中の約190カ国の中でユニセフのプログラムが実施されています。世界中の国々を襲う災害や難題は子どもたちにいちばんの被害を与えます。ですから、緊急の問題がたくさんあるのです。例えば、イエメンやソマリアなどでそうであるように、戦争や内戦と関係しているものもあります。または、サハラ砂漠以南のアフリカにおける気候変動による砂漠化のようなことに関連している問題もあります。それらすべてのことが子どもたちに影響を与えるのです。また、それらすべてが健康面とある種つながっています。

面接官１：あなたはユニセフが他の国連機関と連携できるとおっしゃいました。それが実際に行われると考えられる詳細や事例についてお話しいただけますか。

受 験 者：もちろん、はい…現在、バングラディシュの難民キャンプに100万人以上のロヒンギャ民族がいます。彼らは約３年前に軍の弾圧から逃れるためにミャンマーからやってきました。ユニセフは子どもとその家族のニーズに合ったサポートをする形でその一端を担っています。ユニセフは健康面でのニーズが合うように世界保健機関とも連携しています。国連世界食糧計画はそこにいるすべての人に十分な栄養を提供しようと試みています。しばしば、ユニセフはそこに参加し、どのような援助が必要か考える主導的な機関であるかもしれません。そして、それから救済の最も効率的で効果的な方法を管理、組織、指揮するのを手助けし、調整するために、他の国連専門援助機関と各機関協力の会議を行います。

面接官１：ありがとうございます。では話を現在の内容から未来の話に変えたいと思います。世界的な健康問題を引き起こしている他の分野について取り上げていただけますか。

受 験 者：つまり、例えばですが、SDGsの目標３ですとか新型コロナウイルスの大流行についてでしょうか。

面接官１：そういうことです。

受 験 者：そうですね、SDGsの目標３の「あらゆる年齢のすべての人の健康的な生活を確保し、福祉を推進する」という目標ですが、新型コロナウイルスの流行のために相当難しい課題となりました。医療に対してたいへんな動揺が広がり、その改善は数十年に及んで難しい可能性もあります。私たちは必要な医療サービスを受けられない人が世界人口の半数に満たない数はいると知っていますし、約70カ国で幼児期予防接種計画が新型コロナウイルス流行のために停止していることも知っています。

面接官２：目標や課題の中でいちばん強く関心を向けていることについていくつかお話しいただけますか。

受 験 者：はい。医療従事者の一人になろうとしている人間として、それに付随して２点あります。１つ目は、医療サービスがいちばん必要とされている場所において医療従事者が限界を超えているということです。２つ目に、国々が国民の健康的緊急事態に応じるよりも、それを探知する能力に長けているという事実です。この２つ目の点が真実であることを私たちは知っています。というのも、国際保健規則が国々に病気の発生と公衆衛生上の緊急事態を世界保健機関に報告するように求めているからです。対応できるということは、対応できる能力のある熟練した人々がいるということです。

面接官2：今述べたことは、あなたがさきほどに述べた他の点とどのように関連しますか。

受 験 者：そうですね、SDGsの目標３が世界の貧困地域の妊産婦医療における投資拡大の支援を目的としていることを知っています。そういった地域では、妊娠や出産の合併症のために年間25万人以上の人が亡くなっています。それは間違いなく子どもの健康に関係しています。別の２つの領域、環境汚染関連の病気と感染症は、SDGsの目標３の中でも最優先課題の一つです。私は、多くの人にとって環境問題というのは健康問題でもあるのは明らかだと考えます。それと、新型コロナウイルス感染症についても議論していましたが、世界のほぼすべての人が病気には国境はなく、世界の一部の健康が害されると世界のすべての人を危険にさらすのだと理解しなければなりません。

面接官1：面接の時間が残り３、４分に差し迫ってきました。興味深い話をありがとうございました。それでは、何か議論すべき重要なことや、これまでに私たちが質問や議論できていないことを話していただければと思います。

受 験 者：ありがとうございます。本日の皆様とのこの面接において、私がこれまでずっと考えてきた大変多くのことについて議論し、それらがすべてどの点から見ても繋がっていることを俯瞰することができ、大変有意義であったと率直に申し上げたいところです。ここで一つ、私たちが議論していないことがあり、それは私にとって重要なのですが、私たちが多くの世界的問題の中で耳にするすべての情報をどのように取捨選択し、または対処していくかということです。それぞれの立場の人々が各自の意見を持っているのは事実ですが、私たちは自らの意見を事実に基づいて決定する必要がありますし、その事実は専門家から入手する必要があります。そのことについては、各国々が健康問題を世界保健機関に報告しなければならないと述べたときに少しお話しいたしました。私は、情報を専門家の人々と直接的な経験がある人々から入手することが大切だと考えます。だからこそ、国連ニュースサービスやウェブサイトが私にとって重要なのです。まず第一に、人々が国連の広報から世界についての明確な事実を得られるように、もっと多くの広報活動が必要だと思います。他の意見と言うのは、矛盾していたり、当惑させるものであったり、あるいは単に人々を楽しませる狙いのものであるかもしれません。国連の現場からの報道は、それらを評価する信頼できる基準を私たちに与えてくれるからです。私はそれが重要だと思います。

面接官１： ここに来る時間を作っていただいたことと、あなたの意見や考えを私たちと共有していただいたことに感謝します。私たちの質問にお答えいただき、また国連やその活動のさまざまな異なる側面についてあなたの考えを聞かせていただき、ありがとうございました。

面接官2：そうですね、多くの重要なテーマについて私たちと討論していただき、また世界をより健全な世界にしようとするあなたのご献身に感謝いたします。午後や週末の残りは良いお時間をお過ごしください。

受 験 者：ありがとうございました。さようなら。

【解説】

発話ボリュームも十分確保されている上、国連や国際情勢に関する知識も有し、質問にも的確に答えている。不明な点は、慌てずに確認を取ることで、躊躇なく対処することができている。発話の内容もつながり、一貫性、まとまりの観点から論理的かつ説得力がある。また分詞、関係副詞などの文法項目や、従属接続詞などを用いた複雑な構文も正確に駆使できる能力を備えており、語彙的にも特A級で要求されているレベルに達している。さらに課題や問題に対しての現状分析、提案なども行っている。

【採点総評】

Pronunciationといった能力エリアは、実際の面接でないと測れないものの、それ以外のエリアはほぼStrongの９あるいは10を獲得できるレベルである。

2 ▶ スコア５～７レベル

Interviewer 1 : Good morning. Please come in.

Interviewer 2 : I can take your papers. Please put your belongings on that chair if you wish. You can sit down here.

Candidate : I give papers?

Interviewer 2 : Yes, may we please have your candidate profile sheet and those two scoring sheets?

Candidate : Yes. Please have these. Thank you.

Interviewer 1 : Now that we are all seated, let's begin. I see, from your information sheet, that you are studying medicine. Please tell us a little bit about what you find most interesting in your studies.

Candidate : I think public health is important: enjoying green spaces, health from exercise, less junk food, and stopping doing bad for your health things—smoke too much and alcohol too much.

Interviewer 2 : How do you think people could make those lifestyle changes?

Candidate : Lifestyle? Style like fashion? Sorry. Ah, sorry. One more time, please. Can you explain?

Interviewer 2 : Lifestyle is a word that means people have a way of living, a daily life that includes, for example, going for a walk once a day or not eating red meat.

Candidate : Okay, okay, okay, I understand.

Interviewer 2 : Good. So, could you please tell us about how people can change their daily lives to become healthier?

Candidate : Yes. People can be walking around parks and gardens. Walking is a healthy activity—good exercise. Walking people can find a place to bend their legs or to hang from a steel bar; can find places close to the walking paths. It's more exercise. Walking makes it hungry; hungry, I think, for food that does not make fat. Instead, food that gives good energy, good protein, that is freshness farm food. So, we think about farmers and healthy food that grows outside in earth outside; not think about food from the factory. We say to our brain, "I want to be more healthy, do things that give good health, eat things that give good health." People think like this kind of way maybe also think about how other people can eat in such a way. This leads to thinking how we can have healthier country and healthier world. I think such like things are important, such things like public health. Everything is part of everything and everything is touching everything.

Interviewer 1 : That is true, and thank you for sharing your insights with us. Now, could you please tell us how you became interested in the work of the United Nations?

Candidate : Yes, because I think that there is so so many things do to keep people healthy. Example … sanitation… like sewage treatment, throw away garbage, enough clean water. United Nations does so much to promote public health. I also think things like caring for environment… it's part of making sure we live in a healthy world. Already I told you about nutrition eating. It's part of good health, but truth is in so many places in the world peoples… many peoples… have not enough food. So, starvation and malnutrition. These also are causes of disease. Finally, there is also the main reason for existence of the United Nations—peace. War… War is the worst thing for people's health.

Interviewer 2 : Well, you have certainly touched on a great many important issues. Could you name some of the specialized agencies, or commissions, or organs of the United Nations that have the job of finding solutions to these problems?

Candidate : Yes. At first, I think UNICEF is important, helps children who need food and protection in places everywhere in the world when lives and health are being threatened; and another organization is…

Interviewer 1 : With apologies for interrupting you, I'm going to break in and ask you to tell us a little bit more about the details of UNICEF before you go on to any other organizations. When was it started? What is its mandate? How has its role changed? What is its position within the United Nations organization? Where is it actively operating right now? How does it perform its role? Please speak to any of those questions.

Candidate : Oh, yes I can tell about that. Do I answer all questions in the order? One more time for each question, please.

Interviewer 1 : Please speak about the parts you feel are most important. You can answer in any order that you wish.

Candidate : Okay, I start talking about the start of UNICEF. After World War II, around 1946, there is the idea for emergency medical relief for children who were suffer effects of wars in Europe and in other world parts. Money was to support children health. The name at first means United Nations International Children's Emergency Fund. Later, the idea becomes bigger to be also long-range children needs. Nutrition, support of mothers, sanitation water, funding for education for pediatrics and childcare, children's rights and women's rights, all became part of day by day work of UNICEF. Okay?

Interviewer 2 : Yes, that's correct. Can you tell us how UNICEF fits into the United Nations organization and its current operations?

Candidate : UNICEF is a specialized agency; so organizes with other UN organizations to have coordinate coordination. It still is emergency relief to children, but now the name is shorter; it's United Nations Children's Fund. No "international" and "emergency" in name anymore, but still part of UNICEF's work. UNICEF programs are in 190 worldwide countries. Disasters and challenges hit countries all around the world; hit children most hard. So, a lot of emergencies; some because have wars and civil strife, like because in case of Yemen and Somalia; some relates to other such things like no water because of climate change, almost in sub-Saharan Africa. All have bad effect on children; all connect to something of health, too.

Interviewer 1 : You mentioned that UNICEF could coordinate its activities with other UN organizations. Can you give us some details or examples of when that may take place?

Candidate : Yes… now over of one millions of Rohingya of people in Bangladesh refugee camps. They came from Myanmar almostly about three hundred years ago last year to escape military cracking. UNICEF does something to support children needs and families. Health is also needed; so, UNICEF coordinates the World Health Organization for health for Rohingya children and children families. Food is needed; so, UNICEF coordinates UN World Food Program for getting nutrition for everyone there. Some case-by-case has UNICEF be "leading agency" position. This means UNICEF goes first—is leader—to make ideas of such kind of help needed; then UNICEF meets another UN specialized support agencies and helps manage… organize… direct…—to coordinate—most efficient effective way to help.

Interviewer 1 : Thank you. I'd like us to move from the present, and into the future, to ask you to pick up on some of the other areas that are posing global challenges.

Candidate : You mean, in such case, talk of SDGs or Corona?

Interviewer 1 : Yes.

Candidate : Okay. SDGs Goal 3 is "make sure of healthy life and promote health to every one at every age." Corona pandemic makes this much, very much, more hard to do. For the example, all good things to make world peoples' health better got such damage it maybe will take 10 years to be back in a good way. Less than half of a person in the world has enough health service. Also, and the Corona pandemic has stopped injections for stopping diseases to children in 70 countries.

Interviewer 2 : Could you discuss some of the goals and challenges that you feel most strongly about?

Candidate : Yes, I want to be a doctor as my job in life; so, two points jointly that are almost important to me. First is that health care workers are suffering of the overwork in the place of where their work is the most needed; second, is that countries can tell of a problem but cannot fix a problem of public health emergencies. We know this is a truly point because International Health Regulations makes countries to report disease outbreaks and public health emergencies to WHO. Cannot fix problem if there is not enough medical people to fix problem.

Interviewer 2 : How does this touch on some of the other points that you mentioned earlier?

Candidate : I know SDGs Goal 3 is support more money in maternal health in poorer world parts. There are there mostly a quarter million deaths yearly because pregnancy and birth complications. Yes, that connected to children health. Two other connecting places, environment pollution disease and almost some kind of infection disease, also are SDGs Goal 3 priority. Almost people can understand environment diseases also a health issue. And one more…I just told you about Corona pandemic. I think almost people of the world understand disease have no border and lack of good health to nearly one part of the world puts everyone in the world in the danger of bad health and maybe even to be dead.

Interviewer 1 : Thank you. We are getting close to the last three or four minutes of our interview. Thank you for our interesting conversation. Now, we invite you to discuss something you find important and that we have not asked about or discussed up until this point.

Candidate : I ask you a question?

Interviewer 1 : Our time together is almost over. So, we want to give you a chance to tell us about something new; in this part we listen to you about something interesting to you that we did not talk about yet.

Candidate : Oh, okay okay okay. Nothing more special to say. I want to tell you thank you. And I want to tell you that I am happy to learn about the world and every way the United Nations can make the world more healthy place and to think about how I can make the world more healthy in my job of the future. Thank you.

Interviewer 1 : We appreciate you making the time to come here and share your opinions and insights with us. Thank you for responding to our questions and telling us your ideas about many different aspects of the United Nations and its work.

Interviewer 2 : Yes, thank you for going through so many important subjects with us and for your commitment to making the world a healthier place. Please have a good afternoon and rest of the weekend.

Candidate : Thank you. Goodbye.

【和訳例】

面接官１： おはようございます。どうぞお入りください。

面接官２： 書類をお預かりします。よろしければ持ち物はあの椅子に置いてください。こちらにお座りください。

受 験 者： 私が書類を渡せばいいですか。

面接官２： はい、面接シートとその面接評価シート２枚をいただいてもよろしいでしょうか。

受 験 者： はい、お願いします。ありがとうございます。

面接官１： それでは全員席に着きましたので、始めましょう。面接シートによりますと、あなたは医学を学ばれているようですね。あなたの研究の中で最も興味深いと思うことについて少しお話しください。

受 験 者： 私は公衆衛生が重要だと考えています。緑を満喫し、運動をして健康的になる、ジャンクフードを減らし、過度の喫煙や飲酒というような健康にとって良くないことをやめるべきです。

面接官２： 人々はどのようにしたらそうしたライフスタイルを変えられるとお考えですか。

受 験 者： ライフスタイルですか。ファッションのようなスタイルのことでしょうか。すみません、ごめんなさい。もう一度お願いします。説明してもらえますか。

面接官２： ライフスタイルとは、人々が例えば、一日に一回散歩に出かけるとか、赤身の肉を食べないなど、そういったことを含む日常生活や生活様式を持っていることを意味する言葉です。

受 験 者：なるほど、なるほど。理解いたしました。

面接官2：良かったです。では、人々がより健康になるためにどのように日常生活を変えられるか教えていただけますか。

受 験 者：はい。人々は公園や庭の周りを歩いていることができます。歩くことは健康的な活動であり、良い運動です。歩きながら、人々は足を曲げたり、鉄棒にぶら下がる場所を見つけることができます。歩道から近い場所を発見することができます。それがもっと運動になります。歩くことでお腹が空きますが、空腹は太らないために良いと思っています。代わりに、いいエネルギーとタンパク質を供給してくれる食べ物は新鮮な農場の食べ物です。よって、私たちは農家や外の土で育つ健康な食べ物について考え、工場の食べ物については考えないで。私たちは脳に「もっと健康になりたい。健康を与えることをしよう。健康になれるものを食べよう」と言うんです。こういう風に考える人は、また他人もどうやったらそのように食べられるか考えるでしょう。こうやっていくと、どのようにしたらより健康的な国や世界にできるか考えることに繋がっていきます。私はそういったことが重要と考えます。そういった公衆衛生のようなことです。すべてのことがすべての一部分であり、すべてのことが全部と関係しています。

面接官1：確かにそうですね。お考えを共有いただきありがとうございます。では次に、あなたがどのようにして国連の活動に興味を持つようになったかお話しいただけますでしょうか。

受験者： はい、私は、人々の健康を守るためにするとてもたくさんのことがあると思っています。例えば、公衆衛生で、汚水処理、ゴミ捨て、たくさんのきれいな水のような。国連は、公衆衛生を促進するために、大変多くのことをやっています。私は環境を大切にすることも、健康な世界に住むのを確実にするための一部だと思っています。すでに栄養があるものを食べることについてお話ししました。それも、健康の一つですが、世界中の多くの場所で世界中の民族は、多くの民族に十分な食べ物がありません。よって、飢餓や栄養失調。これらは病気の原因でもあります。最後に、国連の平和活動が存在する主たる理由もあります。戦争、戦争は、人々の健康にとって最悪のものです。

面接官2： なるほど、あなたはしっかりと大変多くの重要な問題に触れてくださいました。それらの問題の解決策を見つけていける仕事を有する国連の専門機関や委員会、組織の名前をいくつかあげていただけますか。

受験者： はい、まず初めにユニセフが重要だと思います。ユニセフは命や健康が危険にさらされているときに、世界のあらゆる場所で食べ物や保護を必要としている子どもたちを援助します。また別の組織としては…

面接官1： 中断させてすみませんが、あなたが他の組織について述べる前に、途中割って入らせていただいて、もう少しユニセフの詳細について私たちに話してください。

ユニセフは、いつ発足しましたか。使命は何であり、どのようにその役割は変わってきましたでしょうか。国連組織の中では、どのような立ち位置でしょうか。実際に今どこで積極的に活動していますか。どのように役割を果たしていますか。どの質問に対してでも良いので、お話しください。

受 験 者：はい、そのことについて話すことができます。すべての質問に順番に答えましょうか。もう一度それぞれの質問をお願いいたします。

面接官1：あなたがいちばん重要だと思う部分について話してください。あなたの好きな順番で答えてかまいません。

受 験 者：わかりました。ユニセフの発足から話します。1946年頃、第二次世界大戦後にヨーロッパや世界の他の地域で戦争の影響で苦しんでいる子どもたちに医療援助を提供しようという考えがありました。お金が子どもの健康を援助するためのものでした。名称は最初、国連国際児童緊急基金でした。後に、長期にわたる児童のニーズにも応えられるように考え方が拡大されました。栄養や母親への援助、公衆衛生の水、小児科や保育分野での教育のための基金、子どもの権利や女性の権利、これらすべてがユニセフの日々の仕事の一部となりました。よろしいでしょうか。

面接官2：そうですね、おっしゃるとおりです。では、ユニセフが国連の組織や現在行っている業務にどのように適応しているかお話しください。

受 験 者：ユニセフは専門機関です。よって、他の国連機関と連携を調整できるように組織作りをしています。ユニセフはいまだに児童に対する緊急援助ですが、今では名前は短くなっており、国連児童基金と言います。名前に「国際」や「緊急」という言葉、もはやないですが、まだユニセフの仕事の一部です。ユニセフのプログラムは世界中の190カ国で実施されています。災害や課題は世界中の国々を襲いますが、子どもにいちばんの被害を与えます。よって、多くの緊急事態があり、それらはなぜならイエメンやソマリアのケースのように、戦争や内戦があるからです。または、ほぼサハラ砂漠以南のアフリカにおいてですが、気候変動のために水がないような別のことに関連しているものもあります。すべてが子どもには悪影響ですし、すべてが健康に関することとも繋がっています。

面接官1：あなたは、ユニセフが他の国連機関と活動を連携できると言いました。それがいつ行われるかの詳細や事例について話してもらえますか。

受験者：はい。現在、100万人を超えるロヒンギャの人々が、バングラデシュの難民キャンプにいます。彼らは約300年前からいるミャンマーから、去年軍の分裂から逃げるために来ました。ユニセフは、子どものニーズと家族を支援するために何かします。健康もまた必要とされている。それで、ユニセフはロヒンギャの子どもと子どもの家族の健康のために世界保健機関と連携しています。食糧が必要です。それで、ユニセフはそこにいる人全員が栄養を摂れるように国連世界食糧計画と連携しています。ある状況によることが、ユニセフが先導的機関としての地位があります。つまりユニセフが真っ先に行き、リーダーで、そういった支援が必要だというアイデアを出すのです。それから、ユニセフは別の国連専門援助機関に会い、支援が効率的で能率的な方法になるように調整するために、運営し、組織し、指揮をするのを援助します。

面接官1： ありがとうございます。では、話を現在の内容から未来の話に変えたいと思います。別の分野で世界が抱えている難題をいくつか取り上げていただけますか。

受験者： つまり、そういう場合は、SDGsやコロナの話でしょうか。

面接官1： そうです。

受験者： わかりました。SDGsの目標3は「あらゆる年齢のすべての人の健康的な生活を確保し、健康を推進する」です。コロナの大流行は、その実現をとても、本当に大変難しくしています。例えば、世界の人々の健康をより良くするようなあらゆるいいことがそういうダメージを受けました。良い方向に向かうのにはおそらく10年はかかるでしょう。十分な医療サービスを享受できる人は世界の人々の半分にも及びません。また、コロナの大流行のために、70カ国の国々で子どもの病気を阻止するための注射が中止になりました。

面接官2： 目標や課題の中であなたがいちばん強く関心を向けていることについていくつか話していただけますか。

受験者： はい。私は生涯の仕事として医者になりたいと思っています。それで、２つのことが一緒にほとんど私にとって重要です。１つ目は、最も必要とされている場所で医療従事者が過労に苦しんでいることです。２つ目に、国々が問題はわかっていても、公衆衛生の緊急事態を解決できないということです。私たちはこのことが本当にポイントだとわかっています。というのも国際保健規則が国々に病気の発生と公衆衛生の緊急事態を世界保健機関に報告させているからです。問題解決をするための十分な医療従事者がいなければ、問題は解決できません。

面接官２： あなたが今述べたことは、あなたが先に述べたいくつかの点とどのように関連しますか。

受 験 者： SDGsの目標３が、世界の貧困地域での妊産婦医療に対するより多くのお金の援助だと知っています。その地域では妊娠や出産の合併症によって毎年ほとんど25万人が亡くなっています。そうです、それが子どもの健康に繋がっているのです。他の関連のある２つの領域、環境汚染の病気とほとんどある種の感染症もまたSDGsの目標３の優先事項です。ほとんどの人が環境による病気も健康問題だと理解しています。そしてもう一つ…ちょうどコロナの大流行について言いました。世界のほとんどの人が、病気には国境はなく、世界のほんの一部で健康が害されると世界の誰もが病気になったり死んでしまう危険さえあると理解していると私は思っています。

面接官１： ありがとうございます。面接の時間が残り３、４分になりました。興味深いお話をありがとうございました。それでは、何か議論すべき重要なことですとか、これまでに私たちが質問や議論できていないことをお話しいただければと思います。

受 験 者： 私が質問ということでしょうか。

面接官１： ご一緒できる時間がもうすぐ終わります。ですから、何か新しいテーマについて話していただくチャンスだと思ってください。ここでは、まだお話ししていないことであなたにとって興味深いことをお聞きしたいと思います。

受 験 者： あー、はい、なるほど、わかりました。特に申し上げたいことはありません。皆様に、お礼を申し上げたいです。あとは、私は世界について、または国連があらゆる方法で世界をより健全な場所にしていることについて学んだり、将来の仕事において自分が世界をどうやったらより健全にできるか考えられて良かったです。ありがとうございます。

面接官１： ここに来ていただくお時間を作っていただき、あなたのご意見や考えを私たちと共有していただいたことに感謝いたします。私たちの質問にお答えいただき、また国連やその活動のさまざまな異なる側面についてあなたの考えを聞かせていただき、ありがとうございました。

面接官２： そうですね、多くの重要なテーマについて私たちと議論していただき、また世界をより健全にしようとするあなたのご献身に感謝いたします。午後や週末の残りは良い時間をお過ごしください。

受 験 者： ありがとうございました。さようなら。

【解説】

発話のボリュームや国連機関に関する知識、特A級で要求される語彙は備えているものの、ところどころリスニングによる理解力、批判的思考などの面で困難さが見受けられる。また、返答も、文法・構文や単語・語句選択の誤りが随所に見受けられ、そのため一貫性、文と文のつながり、意味のまとまりという点で論理性、説得性にも欠けている。ときにSorry. Ah, sorry.やOh, okay okay okayなど不自然な語句の繰り返し、余分な語句の挿入、言い淀み、言い直しなども見られる。

【採点総評】

能力エリアによってはWeakの3からMiddle Rangeの4あたりに相当するものもあるが、平均的にMiddle Rangeの5～7のスコアレベルであると言える。

2. A級面接模試と解説

1 ▶ スコア9～10レベル

Interviewer : Good afternoon. Please come in.

Candidate : Good afternoon. I have these papers for you.

Interviewer : I just need your candidate information sheet and the scoring sheet, please.

Candidate : Here you go.

Interviewer : Thank you. You can put your things on that chair if you wish. Please have a seat.

Candidate : Thank you.

Interviewer : Well then, now that we're settled in, let's get started. I see, from your information sheet, that you teach history. Please tell me about that.

Candidate : Do you mean what it's like to be a teacher? Or do you want to hear about how I look at history?

Interviewer : I would like to hear about whichever aspect of your work is most interesting to you.

Candidate : Then I'll talk about the second question—about how we look at history, how we look at the past. Is history just a record, like a CD or videotape? Or is the past subject to interpretation? In some cases, there actually are recordings of past events; does this make them true? What if some recordings tell a different story about the same event? These are questions I ask my students to encourage them to think critically about their studies of history.

Interviewer : What do you think?

Candidate : As you can see, under my favorite books section on my information sheet, my thinking was influenced by Nietzsche's book on the uses of history for life, by the idea that there are three ways to look at history. We can say that history is about the stories of big events by famous women and men; or, we can see history as if it's a museum or antique shop where we go to learn about the past; or, we can say that history is about the lives of ordinary people during some period of time in the past and what we think they are saying to us in our own time. Nietzsche uses a phrase like "critical history" to talk about the last possibility and says that's the one that's most useful—that we have to be able to critique history in order to discover ways to solve the problems of everyday life for ordinary people.

Interviewer : I'm sure this way of thinking will be useful in leading us to the question of how you became interested in the work of the United Nations.

Candidate : Yes! [Laughing] It will be no surprise to you that my interest in history—history in terms of how we can learn from the lives and problems that people had in the past—is also what got me interested in the work of the United Nations.

Interviewer : Could you name some of the particular agencies, organizations, or bodies of the United Nations whose workings interest you most and also discuss some of their specific features and details?

Candidate : Yes. UNESCO, the United Nations Educational, Scientific and Cultural Organization, is a specialized agency of the UN. It was formed in 1946 and its headquarters are in Paris. Currently, 193 countries are members of UNESCO and there are also 11 Associate Members. The Associate Members are territories or groups of territories that aren't responsible for conducting their own international relations. There are around 1,150 World Heritage Site locations in approximately 170 places—States and non-states—around the world.

Interviewer : Using your distinction, about the three kinds of history, can you comment on whether World Heritage Sites would be considered as the antique shops of the world's cultural inventory?

Candidate : I would say that cultural and natural World Heritage Sites really are in the category of antiquarian and monumental history. Personally, I like antique shops. The key point to remember is that every Heritage Site received that award because it represents something that is culturally significant in the life of the people who lived —and to those who still live—in that location. Even the natural sites are Heritage Sites because of the impact they have on the people in that locality.

Interviewer : What sort of impact?

Candidate : What I mean is that World Heritage Sites are monumental buildings or places. They are like a famous brand logo on a piece of clothing; the heritage site is the logo that tells us about the qualities of that place. But clothing is more than a logo or symbol; it's also made of fabric. It's the same with a World Heritage Site. I mean, the unique shops and restaurants or cafés and eating places — the local markets, other buildings that are used every day, and the surrounding housing for human habitation — are the fabric that the monumental building or natural sight is embroidered onto.

Interviewer : So, does that mean we can know the qualities of a country or culture by looking at the areas surrounding its World Heritage Site or Sites?

Candidate : Yes, that's exactly what I mean. Sightseeing—enjoying the local sights, sounds, smells, and tastes—is just as important as learning all the details about a World Heritage Site. We can get a feeling about the culture by seeing how people interact in everyday life. I think it's a good way to link the past to the present; also, it's fun to think of how the ancient peoples influenced the ones we see today and how they are keeping their heritage alive.

Interviewer : Could you expand on your idea of social culture?

Candidate : I think that social culture is what we sometimes call the national character or the regional character of all human settlements. And that is also an important part of… history, if we look at it from the perspective of looking into the past… or sociology, if we look at present practices… or social anthropology, when we see the links between the past and the present.

Interviewer : Can you comment on other aspects of UNESCO, such as its mandate?

Candidate : The principal mission of UNESCO is to further world peace and security by fostering education, science, and culture in ways that support justice and human rights internationally. Culture is one—and certainly the most well-known—of its five major programs; the other four—education, natural science, human science, and communication—are dedicated to creating a more secure and peaceful world.

Interviewer : I see we are getting close to the end of our interview. Now, I invite you to have the last word. You may wish to speak further about what we have already discussed. Or, you can share your views on a new topic related to the United Nations.

Candidate : Maybe the last thing I want to talk about is SDGs Goal 4, equitable quality education, because education is the foundation of understanding. SDGs Goal 4 identifies significant global challenges—the fact that 60% of primary and lower secondary school children lack basic reading proficiency; that a third of the world's children don't get the benefit of early childhood education; that outreach to out-of-school children is decreasing; that in sub-Saharan Africa fewer than half of the schools have water for drinking and sanitation, more teachers are needed, and half the population 15 years of age or older are illiterate—that must be addressed. It's important to focus on the details of these challenges and set specific goals and timelines to reach the targets. It's also urgent because education leads to understanding; that's the first step to an education in tolerance and respect and appreciation of the differences in culture and history; and differences need to be understood and respected before they can be bridged and celebrated. I think that's how we promote the UNESCO goals of security and peace. I also think that experience is how culture is really communicated; the communication is not just by watching internet videos about subjects, but by learning — by getting the education — to really understand differences in the world that make global diversity an advantage, an important tool to be used to build world peace.

Interviewer : Thank you for making the time to come here today to respond to my questions and share your perspectives. Our discussion and exchange of ideas has certainly been interesting and thought-provoking.

Candidate : Thank you; I'm glad to have had the chance to tell you a lot of my ideas.

【和訳例】

面接官：こんにちは。どうぞお入りください。

受験者：こんにちは。この書類をお願いいたします。

面接官：面接シートと評価シートのみ必要です。

受験者：はい、こちらにございます。

面接官：ありがとうございます。よろしければ、持ち物はあの椅子に置いてください。どうぞお座りください。

受験者：ありがとうございます。

面接官：それでは全員着席しましたので、始めましょう。面接シートによりますと、歴史を教えていらっしゃるようですね。そのことについて話していただけますか。

受験者：教師であることについてでしょうか、それとも私の歴史観についてお聞きしたいのでしょうか。

面接官：あなたのお仕事で最も興味深いと思われるどの側面についてでもけっこうですのでお話しください。

受験者：それでは、２つ目の質問にお答えいたします。歴史観について、私たちがどのように過去を見るかについてお話しいたします。歴史というものは、ＣＤやビデオテープのようなただの記録でしょうか。または、読み解くための過去の対象でしょうか。一部の例では、過去のできごとを記録したものも実際にありますが、だからと言ってそれらは真実だと言えるでしょうか。同じできごとについていくつかの記録が異なる内容を伝えていたらどうでしょう。私は歴史の学習において、自分の生徒たちに批判的に考えるよう促すためにこういった質問をします。

面接官：どうしてそのように考えるのですか。

受験者：私の面接シートの「お気に入りの本」の欄の下のところでおわかりのように、私の考え方は生涯ずっと歴史を扱うにあたりニーチェの本に影響を受けました。歴史に目を向けるのに３つの方法があるという考え方です。歴史というのは有名な女性や男性による大きなできごとの物語であると言えますし、または私たちは歴史を過去について学ぶことができる博物館ですとかアンティークショップであるかのように見ることもできます。もしくは、歴史は過去のある時代における庶民の生活についてであり、現代に生きる私たちに対する言い習わしと考えることもできるでしょう。ニーチェは最後の可能性について話すために「批判的歴史」という表現を使います。彼は、それは最も役に立つものであり、庶民が毎日の生活で起きる問題を解決する方法を発見するために歴史を批評できなければならないと言っています。

面接官：あなたがどのようにして国連の活動に興味を持つようになったかという質問をするにあたり、きっとそういった思考法は役に立つでしょうね。

受験者：そうですね。（笑いながら）私の歴史に対する興味、すなわち歴史とは過去の人々の生活や問題から私たちがどのように学べるかという観点からの歴史ですが、その歴史がまた私に国連活動に興味を持たせたことでもあるのは、あなたにとって別に驚きではないでしょう。

面接官：特定の国連の機関・組織・団体の中でその活動にあなたがいちばん興味を持っているものの名称をあげ、その具体的な特徴と詳細について論じてください。

受験者：はい。国際連合教育科学文化機関であるユネスコは国連の専門機関です。ユネスコは1946年に設立され、本部はパリにあります。現在では、193カ国がユネスコの加盟国であり、11の準加盟会員が存在します。準加盟会員というのは、国際的な外交を行う責任のない地域や団体のことです。世界中の加盟国やそれ以外の国のおよそ170カ所に1,150の世界遺産があります。

面接官：３種類の歴史というあなたの区分を用いて、世界遺産が世界の文化的な商品を扱うアンティークショップと考えられるかどうかについて説明してもらえますか。

受験者：世界文化遺産と世界自然遺産は実際、アンティークと遺跡の歴史カテゴリーに属すると言えるのではないでしょうか。個人的には、私はアンティークショップが好きです。覚えておかなければならない重要なポイントは、どの遺産もその場所に住んでいた、または今も住んでいる人々の生活の中で文化的に重要な何かを象徴しているから選出されたということです。自然遺産も、その地域に住む人々に影響があるからこそ遺産なのです。

面接官：どういった影響でしょうか。

受験者：つまり、世界遺産というのは歴史的価値のある建物や場所なのです。世界遺産というのは衣類に貼り付けてある有名ブランドのロゴのようなものです。遺産というのは、その場所の質が良いということを教えてくれるロゴなのです。しかし、衣類はロゴや象徴以上のものです。またそれは布でできています。世界遺産と同じなのです。つまり、固有のお店、レストラン、カフェ、食堂、地元の市場、毎日使用されている建物、人が住むための周りの住宅、これらはすべて歴史的な建物や自然遺産が刺繍されている布なのです。

面接官：それはつまり、世界遺産を取り囲んでいる地域を見ると国や文化の質を知ることができるということでしょうか。

受験者：はい、まさにその通りです。観光、つまり地元の風景や音、におい、そして味は世界遺産についてのそのすべての詳細を学ぶことと同じくらい重要なのです。人々が日々の生活でどのように交流しているかを見ることで、文化についての感じを掴むことができます。過去と現在をつなぐ一つのいい方法だと思います。古代の人々が今日私たちが目にする文化遺産にどのような影響を与えたのか、またどうやって遺産を存続させているのかを思索するのもまた楽しいものです。

面接官：社会文化についてのあなたの考えを広げてもらえますか。

受験者：社会文化というのは、すべての人間居住において国民色とか地域色と私たちが呼ぶようなもののことです。それは、重要なものなので、過去をのぞくという観点から見れば、歴史だし、現在の慣習を見れば、社会学だし、過去と現在の結びつきを見ると社会人類学ということになります。

面接官： ユネスコの使命など、ユネスコの他の側面について話していただけますか。

受験者： ユネスコの主な使命は、国際的に正義と人権を支援する方法において、教育、科学、そして文化を発展させることで、世界の平和と安全を広げることです。文化というのが、間違いなくいちばんよく知られている、5つの主たる活動分野の一つです。他の4つである教育、自然科学、人間科学、そして通信は、より安全で平和な世界を創り上げることに貢献しています。

面接官： 面接は終盤に近づいてまいりました。では、最後にお話しいただきたいと思います。すでに議論してきたことをさらに話していただいても良いですし、国連に関する新たなテーマについて考えを述べていただいても結構です。

受験者： そうですね、最後に私がお話ししたいのはSDGsの目標4である「質の高い教育をみんなに」です。というのも教育は、理解の土台となるものだからです。SDGs目標4では、重要な地球規模の課題が確認されています。具体的には、小学校や前期中等教育学校の子どもたちの60％は基本的な読解能力が欠けています。また、世界の3分の1の子どもたちが幼児教育の恩恵を受けていませんし、未就学児童への支援は減っています。さらに、サハラ砂漠以南のアフリカでは、半数に満たない学校しか飲んだり公衆衛生に使用するための水がなく、先生は不足していますし、15歳以上の人たちの半分は読み書きができない、という事実があります。こういった問題が対処されなければなりません。それらの課題の細部に焦点を当て、明確な目標と目標に到達するための計画表を設定することが重要です。それはまた急を要します。というのも教育というものは理解に繋がるものだからです。これは文化や歴史の違いに対する寛容さ、尊敬、理解における教育への第一歩となります。違いというのは、克服したり称賛される前に、理解されたり関心を向けられなければなりません。そのようにして、ユネスコの安全と平和に関する目標を推進していけると思います。またそういった経験を通して本当に文化が伝わっていくのだろうと思います。伝達というのは、テーマについてインターネット動画を見るだけでは駄目で、学ぶこと、教育を受けることで、世界における違いを本当に理解することができます。その違いこそが、世界の多様性を有益にし、世界平和を築くために用いられる重要な道具なのですから。

面接官： 本日は、ここに来ていただくお時間を作っていただいたことと、あなたのご意見やお考えを私たちと共有していただいたことに感謝いたします。私たちの議論や意見交換は間違いなく興味深く、示唆に富むものでした。

受験者： ありがとうございます。私の多くの考えをお伝えする機会をいただけて嬉しかったです。

【解説】

発話ボリュームがしっかり確保されている上、国連や国際情勢に関する知識も有し、質問にも的確に答えている。不明な点は、聞き返しによってクリアにする術も身につけている。文と文につながりがあり、一貫性もあるため、話にまとまりが感じられ、スムーズな理解を可能にしている。文法や構文もしっかりしている。同じ単語の不必要な繰り返しもなく、As you can see, What

I mean is that ～, Personally, といった言葉をうまくつなぐ表現、フレーズを適切に使用できている。全般的に語彙がA級で要求されている専門用語やレベルに達している、などの特徴が見られる。

【採点総評】

Pronunciation, Fluencyといった能力エリアは、実際の面接でないと測れないものの、それ以外のエリアはほぼStrongの 9 あるいは10を獲得できるレベルである。

2 ▶ スコア５～７レベル

Interviewer：Good afternoon. Please come in.

Candidate：Hello. Here are papers.

Interviewer：I just need your candidate information sheet and the scoring sheet, please.

Candidate：Here.

Interviewer：Thank you. You can put your things on that chair if you wish. Please have a seat.

Candidate：Yes, okay, okay, okay.

Interviewer：Let's become comfortable and begin. I see your information paper says you teach history. Please tell me about that.

Candidate：How to be a teacher? Or how to learn history?

Interviewer : I would like to hear about the part that is most interesting to you.

Candidate : Okay. Eeeee toh…for me… I choice second part; how to imagination history. Thinking history recording, like CD data or look at videotape? Or think about how meaning can be different? Is all recording true? What if one recording is challenges of another recording? Maybe they tell different story about the same thing? I ask questions such like this to my students. Students must judgment about which way is true and how so that it can be not true.

Interviewer : What do you think?

Candidate : On my sheet, as one of my favorite book, you see Nietzsche book. It's name, "Use and Abuse of History for Life" and he writes such book in 1874. In such bookcases he talks three ways history outlook. First such cases is history stories—big things happen, very famous ladies and gentlemen. Second case is we go to history antique shop… like museum… many things on shelf… pretty, but don't touching them and they don't touching us. Last is look at ordinary people, but now they dead; so how are they when alive? What they do? How can we learn from their alive time? We must challenge! What part is truth? What is lie? Nietzsche uses good words "critical history" for talk about such challenges. Such talk is for how to have best history use.

Interviewer : Thank you for telling me your interest in how history can be useful. Now, please tell me how you became interested in the work of the United Nations.

Candidate : Yes. My interesting of history for learn from live and problems passed away people··· makes me interesting for work of the United States Nations of the world—I mean world United Nations work United Nations is doing now for helping people may have many of same kind of problems past people had.

Interviewer : Could you name some of the particular agencies, organizations, or bodies of the United Nations whose workings interest you most and also discuss some of their specific features and details?

Candidate : Ah. Yes, sure sure··· Ahh··· UNESCO; ah, yes, I know··· United Nations Education Science Culture Organization. Specialized UN agency. It formed 1945. Headquarters is Paris. Now, 195 countries members. Also 10 Associate Members. Such Associate Members are lands or land group not allowed to do job of speaking by them self for them self about what they do in ways to do things with other countries.

World wide 1,100 World Heritage Site places; see such sites in 170 other wide world places.

Interviewer : Using your idea about three kinds of history, do you think World Heritage Sites are antique shops of the world's cultural history?

Candidate : My saying is World Heritage Sites it's true they are very much so history of antiques and monuments. For my tasting, by myself, I like antique shops. But special point always not to forget is each kind Heritage Site got such an award because represents something cultural very important—to alive people dead from long ago and people now alive of daily life in such a place. Even not antiques and monuments … other place like mountain or forest, nature Heritage Site, it is important because having big effect on history of people in such place.

Interviewer : What sort of effect?

Candidate : Ah, okay, okay, okay. What effect? How to say this… okay, like famous brand logo on gorgeous one piece. Heritage site is kind of logo… tells about quality of such thing or place. Also, cloths is more than logo; cloths also have material. Same like World Heritage Site. Meaning is special shop, restaurant, café, all place of feeding—it's includes natives markets, building of every day, places of people living—

is material where logo of World Heritage Site is sewing onto.

Interviewer : So, does that mean we can know the qualities of a country or culture by looking at the areas surrounding its World Heritage Site or sites?

Candidate : Yes. Meaning is sightseeing of everything makes better understanding. Sight and site; one meaning is "be able to see" and other meaning is "famous place". My students some time confusing of them self on this, but all loves to sightseeing. Ha, ha, ha! My point is sightseeing whole of where we visit place is meaning seeing material where logo of World Heritage Site is sewing onto.
Also, material is human material. Meaning is we see people talk to another people they living with in such place, we check about talking and smiling and how is their way of getting along each to the other—it's human material culture.

Interviewer : Could you say more about your idea of social culture?

Candidate : Social culture?

Interviewer : It's your idea of "human material culture" — about how people get along together. We say "social culture" to talk about how people live together in groups.

Candidate : Oh, yes, people alive together··· social culture ··· it's like all people in one place take same kinds of habits. We look at history and ask what did almost of all people do. We look at habits now and ask of why they doing it—sociology. We look at bones and food tool of ancient place to get knowing of how is life and what they like—anthropology; look at such like thing now and···—social anthropology?

Interviewer : Yes.

Candidate : Okay, good, so this is how to seeing connects of past of present.

Interviewer : Now, can you connect the social culture part of UNESCO we have been discussing with other sides of the organization, such as its mandate?

Candidate : Man date?

Interviewer : For example, what is UNESCO's goal or aim or mission?

Candidate : Ah, yes··· principal mission of UNESCO is more better world peace and security by education, science, and culture—it's supports justice and human rights in all over whole of the world. Culture is··· culture is one of most famous of parts; almost of all peoples knows and loves and wants visiting World Heritage Sites. But in the real, World Heritage Sites is only one of five important connecting parts. Other four are putting more energy to make more education in the world, power to make natural science bigger, to make better human science, and to have better communication between people and tell of such things I just told you about already. Everything of UNESCO mission is to help make more safe and peaceful world.

Interviewer: I see we are getting close to the end of our time. Now, I invite you to say more about what we have been discussing or to talk about something connected with the United Nations that we have not already talked about.

Candidate: Say more or talk something new? Which I do? Help please.

Interviewer: You can do whichever you want.

Candidate: Okay, I will talk SDGs, equitable quality education. I talk this because education is first floor which is of understanding to know of everything else. SDGs Goal 4 is to challenge many problems for whole of the world. Example is of 60% primary and lowly secondary schools of children have not even ordinary most base level of reading ability. Example is of early childhood education; one third of world children do not have such benefit. Example is that less of children not in school is not getting supported to back in school. And, another thing about it, Africa of sub-Sahara is worst: less than a half of his school is water to drink and be sanitary; almost so many more teachers is in horrible need by there; and, of their peoples of over than 15 years, a half of them also not have even ordinary most base level of reading ability. Such challenge must be stopped in a good way by success of SDGs Goal 4. Such things as above are sad to know; good point is to know such things lets there be a plan for fixing. SDGs and United Nations can do it ! Thank you for your listening.

Interviewer：Thank you for making the time to come here today, to answer my questions, and to share your interesting ideas.

Candidate　：Thank you. I'm happy for your listening of my ideas. Goodbye.

【和訳例】

面接官：こんにちは。どうぞお入りください。

受験者：こんにちは。こちらに書類があります。

面接官：面接シートと評価表だけお願いいたします。

受験者：こちらに。

面接官：ありがとうございます。よろしければ持ち物はあの椅子に置いてください。どうぞお座りください。

受験者：はい、なるほど、なるほど、わかりました。

面接官：気を楽にしてから始めましょう。いただいた情報によりますと、歴史を教えていらっしゃるんですね。そのことについてお話しいただけますか。

受験者：先生になる方法について。それとも、歴史の学び方についてでしょうか。

面接官：あなたが最も興味深いと思う点についてで結構です。

受験者：はい、えーーーと、私にとって、私は２番目を選びました。想像力、歴史の方法です。ＣＤデータのように歴史の記録を考えている、あるいはビデオテープを見るように。意味がどう違うかについて考えるのか。すべての記録は真実なのか。もしある記録が別の記録の挑戦だったら。おそらくそれらは、同じことについて異なる話を伝えるのか。このような質問を生徒にします。生徒はどちらのやり方が本当で、どうやったら真実でない可能性なのか、について判断しなければなりません。

面接官：どうしてそのように考えるのですか。

受験者：私のシートに、お気に入りの一冊として、ニーチェの本があると思います。その名前はUse and Abuse of History for Lifeでして、そういう本を彼は1874年に書きます。彼はそのような本箱の中で、歴史の見方、３通りを語っています。初めに、そういった場合は歴史の物語です。大きなことが起きます。とても有名な紳士淑女です。２つ目のケースは、私たちは歴史のアンティークショップに行きます…博物館のような…棚にたくさんのものがあって…きれいで、でもそれらに触れないと、こちらにも触れません。最後は庶民を見ますが、今はその人たちは死んでいて、でも、生きているときはその人たちはどうなのか。彼らは何をするのか。どうやって私たちは彼らの生きている時代から学べるのか。私たちは挑戦しなければいけません。どの部分が真実か。何が嘘か。ニーチェはそういった挑戦について話すとき「批判的歴史」といういい言葉を使います。そのような話は、最高の歴史の使用を手に入れるやり方のためです。

面接官：歴史がどう役に立つのかということに対するあなたの関心についてお話しいただきありがとうございます。それではあなたがどのように国連の活動に興味を持つようになったのかお話しください。

受験者：私の歴史の面白いこと、生活から学ぶ、そして、問題は人々から過ぎ去り…世界の国連の活動のために私を面白くさせます。つまり、世界国連の国連が今人々を助けるためにやっている活動は、過去の人々が抱えていたのと同じような種類の問題の多くを抱えているかもしれません。

面接官：特定の国連の機関、組織、団体の中でその活動にあなたがいちばん興味を持っているものの名称をあげ、またその具体的な特徴と詳細について論じてもらえますか。

受験者：あー、はい、もちろん、もちろん…あー、ユネスコです。あー、はい。知ってます…国際連合教育科学文化機関です。国連専門機関。それは1945年に発足した。本部はパリです。現在、195カ国加盟国。また、10の準加盟会員。そのような準加盟会員は、土地や土地のグループで、他国と共にやる方法で彼らがすることについて自分たちのために自分たちによって話す仕事をするのは許可されていません。世界中に、1,100の世界遺産で、170の他の広い世界の場所でそのような遺跡を目にします。

面接官：あなたの３種類の歴史についての考えを使うと、あなたは世界遺産は世界の文化的歴史のアンティークショップだとお考えですか。

受験者：私の発言は世界遺産です。それらがたいへんアンティークと遺跡の歴史であるというのは本当です。私の味見では、一人で、私はアンティークショップが好きです。しかし、いつも忘れない特別な点は、おのおのの種類の遺産もそのような賞を受賞したということです。なぜならば、文化的にとても重要なものを表している。ずいぶんと昔に亡くなった人から、生きている人に、そして人々はそういった場所で日々の生活を生きています。アンティークや遺跡でなくてさえ…山や森のような別の場所、自然遺産。そのような場所で人々の歴史に大きな影響を持っているので、それは重要です。

面接官：どういった影響でしょうか。

受験者：あ、はい、はい、はい。どういう影響。どう言ったら良いかな…えっと。豪華なワンピースに付いてる有名ブランドのロゴのような。遺産というのはロゴのようなもので…そういった物や場所の品質を伝えます。また、布はロゴ以上なんです。布も物質を持っています。世界遺産と同じように。意味というのは、特別なお店やレストラン、カフェ、食事を提供するすべての場所です。それは故郷の市場、毎日の建物、人が住んでいる場所を含んでいる、です。世界遺産のロゴが縫っている物質です。

面接官：つまり、ある国や文化の質は世界遺産や遺跡を囲んでいる地域を見るとわかるということですか。

受験者：はい、意味はすべてを観光することで、より理解させます。視力と名所。すなわち、一つの意味は「見ることができる」で、他の意味は「有名な場所」です。私の生徒、いつか、自分でこのことに混乱してる。しかし、みんな観光に愛している。ははは！私の論点は観光、私たちが訪れる場所のすべては世界遺産のロゴが縫っている物質を見ることを意味しています。また、物質は人間の物質です。意味は、私たちはそういう場所で人々が一緒に住んでいる他人に話すのを見る、私たちは話すことと微笑むこと、そして個人がもう一方の人とどのようにうまくやっている方法をチェックします。それが人間物質文化です。

面接官：社会文化についてのあなたの考えをもう少しお話ししてもらえますか。

受験者：社会文化ですか。

面接官：あなたの「人間物質文化」というお考えです。つまり、どういう風に人々がうまくやっているかということについて。私たちは、人々が集団の中でどのように共に生きるかについて話すために、「社会文化」という言葉を使います。

受験者： あ、はい、人は共に生きて…社会文化…それは一つの場所の全員が同じようなことを習慣にするようなものです。私たちは歴史に目を向け、ほとんどのすべての人が何をしたのか尋ねます。私たちは今習慣に目を向け、なぜ彼らがそれをしているかのことを尋ねます…社会学です。生活がどうで、彼らが何を好きか知るようになるために、古代の場所の骨と調理道具に目を向けます…人類学です。今、そのような物に目を向ける、そして…社会人類学でしょうか。

面接官： はい。

受験者： そうです、良かったです。すなわち、これが現在の過去の繋がりを見ていることのやり方です。

面接官： では、ずっと議論してきたユネスコの社会文化部分とその使命のような、他の側面と繋げて話してもらえますか。

受験者： Man dateですか。

面接官： 例えば、何がユネスコの目標、目的あるいは使命なのでしょうか。

受験者： あ、はい…ユネスコの主な使命は、教育や科学、文化によるより良い世界平和と安全です。それは世界全体において正義と人権を援助します。文化とは…文化とは部分の最も有名なうちの一つです。すべての人々のほとんどが世界文化遺産を訪れることを知っていて、愛していて、欲しています。しかし、現実は、世界遺産は5つの重要な連携部分の一つに過ぎません。他の４つは、世界でもっと教育を生み出すためにさらにエネルギーを使っています、自然科学がより大きくなり、より良い人間科学を作る、そして人々の間でより良いコミュニケーションを図るための力です。そして、あなたにすでにお話ししたようなことを伝える。ユネスコの使命のすべては、もっと安全で平和な世界を作るのを手助けすることです。

面接官：お時間が終わりに近づいてきたようです。では、これまで議論してきたことでさらに言いたいことや、まだお話ししていないことで何か国連に関することについてお話しください。

受験者：もっと話すか、何か新しいことを話すのですか。私はどちらをしますか。助けてください。

面接官：どちらでもあなたが話されたいほうで結構です。

受験者：わかりました。SDGsの「質の高い教育をみんなに」話します。このことを話すのは、教育が他のすべてを知るのを理解するのの１階だからです。SDGsの目標４は、世界全体のために多くの問題に挑戦することです。例として、小学校と中学校の子どもたちは、読解能力の普通の最も基本的なレベルさえ持っていません。例は、早期の児童期教育のものです。世界の子どもの３分の１は、そのような恩恵はありません。例は、学校にいないより少ない子どもが学校に戻るのを支援されるようになってきていません。そして、そのことについて別のこと、サハラ砂漠以南にあるアフリカは最悪です。彼の学校の半分未満は飲み水であり、衛生的であるための水です。ほとんどそれだけより多くの先生たちがそこによって、ひどい必要性にあります。そして、15歳よりも年上の人々の彼らの人々のうち、彼らの半分も普通の最も基礎的なレベルの読解能力を持っていない。そのような挑戦は、SDGsの目標４の成功により、いいやり方で止められなければならない。上記のようなことは知って悲しいです。良い点は、そういったことがそこの修理のための計画を存在させることを知ることです。SDGsと国連はそれができます。ご清聴ありがとうございました。

面接官： 今日はここに来ていただくお時間を作っていただき、また私の質問に答え、あなたの興味深いお考えを共有していただきありがとうございます。

受験者： ありがとうございます。あなたが私の考えを聴けて嬉しかったです。さようなら。

【解説】

発話のボリュームはある程度見られるものの、語彙、リスニングによる理解力、文法、構文、語彙などの面で困難を多く抱えているため、有している知識を説得力を持ってプレゼンできていない。また、話の一貫性やまとまりを欠くことから、文どうしの繋がりがわかりにくく、スムーズな流れになっていない。特に不完全な文が多く、文法上の誤り（品詞の間違い、コロケーションの間違い、単数・複数、自動詞・他動詞の区別、時制、冠詞、前置詞の誤用など）も多く、かなり理解を妨げている。okayやyesなど同じ単語の不必要な繰り返し、like（～のような）といったカジュアルな口語表現の多用なども減点に貢献する要因となっている。

【採点総評】

能力エリアによってはWeakの３がつくが、平均的にMiddle Rangeの５～７のスコアレベルであると言える。

3. 練習問題

ここでは実践練習問題にトライしてみよう。[1]ウオームアップ（個人に関する質問）→[2]国連・時事に関する質問→[3]締めくくり、の3つを短くしたバージョンを用意した。自分なら何と答えるか、実際に声に出して、できればそれを文字で起こして模範例と見比べてみることをお勧めする。違いが鮮明になりコツやヒントが得られるはずである。なお、ウオームアップは個人的な質問なため、ここでは仮の状況を設定してあることをご了承願いたい。

1 ▶ 特A級練習問題シミュレーション

[1] ウオームアップ

Q1：（茶道に興味があると仮定して）You're into the tea ceremony. Can you tell us a bit about that?

Q2：（立ち食いソバ好きであると仮定して）It also says here that you like eating soba noodles at "Tachigui soba" shops. I wonder what they are.

2 国連・時事に関する質問

Q1： Now, you say, on your information sheet, that you are interested in the work of UNICEF. Please tell us some of details about UNICEF. When was it started? What is its mandate? How has its role changed? What is its position within the United Nations organization? Where is it actively operating right now? How does it perform its role? Please speak to any of those questions.

Q2：Can you give an example of how United Nations organizations coordinate their activities?

----

3 締めくくり

Q ：We are getting close to the last three or four minutes of our interview. Thank you for our interesting conversation. Now, we invite you to discuss something you find important and that we have not asked about or discussed up until this point.

----

2 ▶ A級練習問題シミュレーション

1 ウオームアップ

Q1：（経済リサーチャーとして）You are an economic researcher. What do you like about your job?

Q2：（富士登山が趣味として）I understand that you like climbing Mount Fuji. Can you tell us a little bit about it?

2 国連・時事に関する質問

Q1： Could you name some of the particular agencies, organizations, or bodies of the United Nations whose workings interest you most?

Q2： Can you comment on specific aspects of UNESCO, such as its mandate?

3 締めくくり

Q ：I see we are getting close to the end of our interview. Would you like to add to what we have already discussed or share your views on a new topic related to the United Nations?

〈特A級練習問題模範例〉

1 ウオームアップ

Q1：Yes. As you may know, it's been a traditional Japanese art form since the 15th century when it was perfected. And it is much more than just serving and drinking tea. I think it's deeply aesthetic experience. Besides, every time I enter the tea room and go through the rituals, I can feel all my senses are becoming sharper.

【和訳例】

はい。ご存知かもしれませんが、15世紀に完成されてから茶道はずっと日本の伝統芸能です。茶道というのは単にお茶を出し、飲むというだけではありません。大変深い美的な経験だと思っています。さらに、茶室に入って儀式を遂行するたびに、全身の感覚が研ぎ澄まされる感じがします。

Q2： Oh, it literally means stand-up eating soba noodle shops.
"Tachigui soba" shows eating soba or buckwheat noodles, while standing up. You can find the shops in many train stations. I like eating "Tachigui soba" because it's cheap, fast and tasty.
Above all else, it offers good value for people like me who always race against time during work.

【和訳例】

はい、それは文字通り立ってソバを食べるお店を指します。「Tachigui soba」とは立って、ソバでできた麺を食べることを意味します。多くの駅でそのお店を見つけることができます。安いですし、早くできておいしいので、私は立ち食いソバを食べるのが好きです。何よりも、私のようにいつも仕事で時間と闘っているような人間にはコストパフォーマンスがいいんです。

2 国連・時事に関する質問

Q1： I can start by talking about how and why UNICEF was started. It was after the Second World War, around 1946, and the idea was to provide emergency medical relief for children who were suffering the effects of wars in Europe and in other parts of the world. The fund was to support child health. I think the letters originally meant United Nations international children's emergency fund; later, the idea expanded to include long-range needs of children. Nutrition, support for mothers, water for sanitation, funding for education—especially in areas like pediatrics and childcare—, focusing on children's rights and women's rights, all became part of the ongoing work of UNICEF.

【和訳例】

ユニセフがどのようになぜ始まったかということからお話しいたします。ユニセフが発足したのは1946年頃、第二次世界大戦後であり、ヨーロッパや世界各地で戦争の影響で苦しんでいる子どもたちに医療援助を提供しようという考えのもとに発足されました。その基金は、子どもの健康を援助するためのものでした。もともと、文字どおり国連国際児童緊急基金だったと思いますが、後に長期的な子どものニーズも対象に含めるために、目的が拡大されました。栄養や母親への援助、公衆衛生用の水、特に小児科や保育のような分野での教育に対する資金など、子どもの権利や女性の権利に焦点を当てながら、すべてが現在ユニセフの行っている仕事となりました。

Q2： Yes. I can give an example of how agencies cooperate. Now there are over a million Rohingya people in Bangladesh refugee camps. They came from Myanmar about three years ago to escape a military crackdown. UNICEF is doing its part to support the needs of children and families; it is also coordinating with the WHO, so that health needs can be met; the UN World Food Program is trying to provide adequate nutrition for everyone there. Often, there is at lead agency, such as UNICEF in this case, that will host an inter-agency meeting with other UN specialized support agencies to help manage and organize and direct—to coordinate—the most efficient and effective way to provide relief.

【和訳例】

はい。機関どうしがどのように協力し合うか一例についてお話しします。現在、バングラディシュの難民キャンプに100万人以上のロヒンギャ民族がいます。彼らは約３年前に軍の弾圧から逃れるためにミャンマーからやってきました。ユニセフは子どもとその家族のニーズに合ったサポートをする形でその一端を担っています。ユニセフは健康面でのニーズを満たすため世界保健機関とも連携しています。国連世界食糧計画はそこにいるすべての人に十分な栄養を提供しようと試みています。しばし、先導的な機関、この場合のユニセフのような機関が、他の国連専門支援機関との機関間会議をお世話します。その目的は、救済に最も効率的かつ効果的な方法を監督、組織、指揮、つまり調整できるよう手助けすることです。

3 締めくくり

I want to talk about SDGs Goal 3, to ensure healthy lives and promote well-being for all people of all ages. It's important that we take action on its aims to support greater investments in maternal health in the poorer parts of the world, where there are over a quarter of a million deaths yearly due to pregnancy and birth complications. That's also certainly linked to children's health. Two other areas, diseases relating to environmental pollution and infectious diseases, are among the priorities for SDGs Goal 3. And, since Covid-19 is so widespread, I think almost everybody in the world must understand diseases don't have borders and that the lack of good health in one part of the world puts everyone in the world at risk.

【和訳例】

私は、すべての年代の人々の健康な生活を守り、幸福を促進するSDGsの目標3について述べたいです。世界の貧困地域の妊産婦医療における投資拡大の支援をするために、その目標に向かって私たちが行動を起こすことが重要です。そういった地域では、妊娠や出産の合併症のために年間25万人以上の人が亡くなっています。それは間違いなく子どもの健康に関係しています。別の2つの領域、環境汚染関連の病気と感染症は、SDGsの目標3の中でも最優先課題の一つです。そして、新型コロナウイルスが大変拡散していますので、世界のほぼすべての人が病気には国境はなく、世界の一部の健康が害されると世界のすべての人を危険にさらすのだと理解しなければなりません。

〈A級練習問題模範例〉

1 ウオームアップ

Q1：I really enjoy my job because I get to work with computers and actually have some kind of report making. I also get to do lots of writing reports that influence great number of people.

【和訳例】

コンピューターを使って仕事をして、報告書を作ったりして本当に仕事を楽しんでいます。また、多くの人に影響を与えるレポートを書くことも結構やっています。

Q2：Oh, sure. We call it *Fujisan* in Japanese and it is the highest mountain in Japan. It usually takes about 6 hours to get to the top, but the view from there is amazing. It always makes me forget about negative things happened to me and helps me refresh my body and soul a great deal.

【和訳例】

はい、もちろんです。私たちは日本語で富士山と呼んでいます。日本でいちばん高い山です。頂上に到達するのに普通は6時間かかりますが、そこからの景色は最高です。その景色は自分に起きた嫌なことを忘れさせてくれますし、心身ともにかなりリフレッシュさせてくれます。

2 国連・時事に関する質問

Q1： Yes. UNESCO, the United Nations Educational, Scientific and Cultural Organization, is a specialized agency of the UN. It was formed in 1946 and its headquarters are in Paris. Currently, 193 countries are members of UNESCO and there are also 11 Associate Members. The Associate Members are territories or groups of territories that aren't responsible for conducting their own international relations. There are around 1,150 World Heritage Site locations in approximately 170 places—States and non-states—around the world.

【和訳例】

はい。国際連合教育科学文化機関であるユネスコは、国連の専門機関です。1946年に発足し、本部はパリにあります。現在、193カ国がユネスコの加盟国であり、11の準加盟会員が存在します。準加盟会員というのは、国際的な外交を行う責任のない地域や団体のことです。世界中の加盟国やそれ以外の国のおよそ170カ所に1,150の世界遺産があります。＊114頁参照

Q2： The principal mission of UNESCO is to further world peace and security by fostering education, science, and culture in ways that support justice and human rights internationally. Culture is one—and certainly the most well-known—of its five major programs; the other four are dedicated to promoting education, natural science, human science, and communication in creating a more secure and peaceful world.

【和訳例】

ユネスコの主な使命は、国際的に正義と人権を支援しながら、教育や科学、文化を発展させて世界平和と安全を広げることです。文化というのが、間違いなくいちばんよく知られている、5

つの主たる活動分野の一つです。他の4つは、教育と自然科学、人間科学、より安全で平和な世界を創り上げる上での通信で、これらを促進するのに尽力しています。

3 締めくくり

I want to finish by talking about SDGs Goal 4, equality in education. SDGs Goal 4 lists the challenges that have to be overcome: that 60% of primary and lower secondary school children lack basic reading proficiency; that a third of the world's children don't get early childhood education; that outreach to out-of-school children is decreasing; that fewer than half of the schools in sub-Saharan Africa have water for drinking and sanitation, need more teachers, and that half the population 15 years of age or older are illiterate. SDGs Goal 4 focuses on the details of these challenges and sets specific goals and timelines to reach the targets. We have to overcome these challenges because education leads to higher levels of employment, greater national productivity, and ways to overcome the economic damage from the Covid-19 pandemic. Education also helps people understand and respect different cultures. And that's something that can help us have a more peaceful world.

【和訳例】

SDGsの目標4である「質の高い教育をみんなに」について話して終わりたいと思います。SDGsの目標4は克服すべき課題をリストアップしています。具体的には、小学校や前期中等教育学校の児童の60%は基礎的な読解能力が乏しく、世界の子どもの3分の1は幼児教育を受けていません。また、未就学児童への支援も減っています。アフリカのサハラ砂漠以南の半分にも満たない学校では飲み水や公衆衛生用の水が足りていませんし、もっと先生の数が必要で、15歳以上の人口の半数は読み書きができません。SDGsの目標4では、それらの難題の細部に焦点を当て、明確な目標と、目標に到達するための計画表を設定しています。私たちはこれらの課題を克服しなければなりません。なぜならば、教育は高いレベルの雇用や、さらなる国民生産力、新型コロナウイルスによる経済的打撃を克服する方法に繋がるからです。教育はまた、人々が異なる文化を理解したり敬意を払ったりするのを手助けしてくれます。そういったことがより平和な世界を築くための一助となります。

ユネスコ（国際連合教育科学文化機関）について
英文名：UNESCO（United Nations Education Scientific and Culture Organization）
設立年：1946年
加盟国数：193カ国
準加盟地域：11
世界遺産数：1,154件
（2021年8月現在）

第Ⅲ章

合格体験記

ここでは国連英検の特A級・A級を優秀な成績で合格された受験生の合格体験記から２次試験（面接試験）の受験準備に参考となりそうな最近の事例を年代別（年齢、職業等は受験当時）に匿名で紹介する。

なお、すべての合格体験記は国連英検のホームページで閲覧することができる。

http://www.kokureneiken.jp/voices/

特A級合格者

【中学生・高校生】

Aさん［2018-2特A級・A級合格］
保有資格●実用英検 1級
留学経験●アメリカ在住（6～11才）
職業等●中学１年生

日頃から洋書の多読を実践し、毎日短時間ではありますがCNN・BBC・NHKニュースを視聴していました。ただ、これだけでは２次試験対策として十分ではないと考えて、以下を実行しました。

まず、UN Newsなどのインターネットサイトを利用して、国連とさまざまな国際問題に関する知識の習得に努めました。具体的には、国連の歴史・組織・役割、人権問題、人口問題、食糧・水問題、難民問題、気候変動問題、エネルギー問題、国際紛争、発展途上国の課題に関する記事を印刷して一冊にまとめて繰り返し読みました。

次に、面接シートに記入する内容を書き出しました。書き出した内容は、自己紹介、受験動機、学校生活、趣味、特技、好きな本・作者とその理由、尊敬する人とその理由、海外経験で学んだこと、国際情勢の中で関心を持っていることとその理由、国連が取り組んでいる活動の中で興味を持っていることとその理由、国連が貢献できていることと貢献できていないこと、訪れてみたい国とその理由、そしてフリースピーチです。

最後に、習得した知識と書き出した面接シートの内容を踏まえて、先生や両親と意見交換をして自分の考えと面接官への伝え方を整理した上で２次試験に臨みました。

結果として、特A級とA級にダブル合格することができましたが、１次試験と２次試験を通じて強く感じたことは、国連の役割・国際情勢に関する知識・日本の立ち位置について、もっと深く学んでいく必要があるということでした。今回学んだことをもとに、これまで以上に国際情勢に関心を持って日々勉強していきたいと考えています。

Bさん［2017-2特A級合格］
保有資格●実用英検１級
留学経験●アメリカ・ニューヨークに７年間在住
職業等●中学２年生

私は小学６年生の冬に英検１級に合格し、中学校に入学後、国連英検にA級から挑戦してきました。そして、中学２年生で念願の特A級に合格できたことは大変光栄に思っています。

面接は国連英検の特色がはっきり出た試験だと感じました。まずその特色について説明したいと思います。評価基準の一つにKnowledge（International Affairs）という項目があります。ただ国際知識を増やしたらいいのではなく、国連英検の面接は国連はどのようにその国際問題に関わっているかというところが重要になります。そして、国連と国家の問題に対する関係という視点を持つべきです。さらに、日本の立場というのも聞かれる場合がありますので、国連という国際社会と一つの国家との考え方の違いをしっかり踏まえたリサーチが必要だと思います。

もちろんどの分野のことにもある程度知識は必要ですが、面接前にシートに書いた自分が興味を持っていることについて聞かれるので、自分の得意分野を書いておくと有利だと思います。ですが、その反面、書いたことに本当に精通していないと高度な質問に対応できなくなってしまいますので、気をつけてください。それで、私は一回目の面接は失敗しました。

もう一つ、面接で気になってしまうのが、発音です。私はアメリカから帰国して約５年経っているので発音にあまり自信がありませんでした。そのため、TEDtalkをできるだけ毎日見ました。そのときに、ネイティブの人と同時に自分も滑舌よく喋るのです。そうすると発音を覚えるし、口の筋肉を動かすトレーニングになります。TEDtalkの利点はそれと同時に知識が増えるということです。スピーチの内容のチョイス次第では国連英検にも役に立つかもしれません。

最後に、面接の受け方です。私は帰国子女なので、ついつい早く喋ってしまう癖がありました。ですが、これは面接官に悪印象を与えかねません。そのため、二人の面接官の目を見て、ゆっくり喋るということを心がけました。面接では国際知識だけでなく、コミュニケーション能力なども見られるわけですから、このようなことにも留意が必要だと思います。

国連英検という試験は非常に難しい、一筋縄ではいかない試験です。ですから、毎日のこつこつが本当に大切です。

Cさん［2017-2特A級合格］
保有資格●実用英検１級、TOEFL 114点、HSK２級
留学経験●なし（滞在経験：カナダ６年、中国２年）
職業等●高校１年生

私は４歳から12歳まで、カナダで６年と中国で２年暮らしていました。帰国後は帰国生の多い学校に入学し、英語への抵抗は

少なかったのですが、国連英検特A級は国内英語資格の中で最難関と聞いていたこともあり、合格できるか不安でした。実際、英語力と同じくらい、国際情勢への理解と意見のアウトプットの仕方が問われていると感じました。

２次試験は期末試験中だったため、思ったほど勉強できず、不安が残ったままの受験となりました。

国連英検の題材は国際情勢なので、頭の回転に頼るだけでは上手に返答はできません。事前に知識を蓄え、興味のあることについての持論を作ることが大事だと思いました。

２次試験当日には面接シート（INTERVIEW SHEET）を書きます。私のインタビューは大体こちらに基づいたものだったため、話す自信、十分な知識と経験のあることについて書くと良いでしょう。また、それを個人的な体験に結び付けると、面接官の印象に残ると思います。しかしそれが国連の活動や国際情勢に関連したものでないと軽く流される程度なので、ご注意ください。

私と同じように多忙で、なかなか資格の勉強に時間をさけない学生もたくさんいるでしょう。しかし、「ここは絶対満点で、ここは諦める」という具合に、自分の強みや弱みと照らしながら戦略的に取り組めば合格点には達すると思います。国連英検特A級を受験したことで、世界を学び、成長しました。今後も勉強を続け、国際的に活躍できる人間になりたいです。

【大学生～社会人（20歳代）】

Dさん［2017-1特A級合格］
保有資格●実用英検１級、TOEIC 990点、TOEFL 116点
留学経験●アメリカ・カリフォルニア州
職業等●大学生

外国人の友達が多く、普段から英語を話す機会があるので2次試験には自信がありました。ただ、英語を話せるだけでは合格は

できないので、１次試験のために行った対策以外にも、Podcastでニュースを聞いたりしていました。Podcastは、米国のニュース番組だけでなく、イギリスのBBCや日本のNHK Worldなど非常に多くのニュースチャンネルが無料で聴けるのでお勧めです。

とはいえ、２次試験はインタビューなので話す訓練も多くしました。具体的には政治が好きなオーストラリア人の友達とディベートをしたり、アメリカ人の友達にトランプ大統領についてどう思うか聞いたり、カジュアルな場面でも政治に関する話は意外と面白いと思います。特にアメリカでは４年に１度、大統領選という国民が直接政治に関わる重要なイベントがあるためか日本人よりも政治に興味を持つ人が多く、今回は新しい大統領が就任した暁だったので彼らのさまざまな意見が聞けました。

面接官はとても良い方で、終始和やかな雰囲気の中、行われました。インタビューでは自己紹介、受験動機に続き、アメリカのトランプ大統領、現在の北朝鮮情勢、シリア内紛について話しました。これらの問題に関しては、誰でも思いつくような表面的な意見ではなく、その問題に対しての自分の立場を明確にし、いかなる対策がなされるべきなのかを詳細に、相手を強く説得するように話しました。それが功を奏したのか、面接では高い評価を得ることができました。

大学に入ってから、貧しい人々のために募金やボランティア活動を行ってきました。そこでの現状は悲惨なもので、実際に日本という恵まれた環境を出なければ実感の湧かないことがたくさんあるのだと気付かされました。今回の試験対策を通して、国際的な視野が広がり、世界が直面している問題への意識も大きく変わったと思います。特A級の合格は大きな自信になります。

Eさん［2019-2特A級合格］
保有資格●TOEIC 960点
留学経験●なし
職業等●大学院生

1．過去問にある「面接シート」に何を書くか事前に考えました。面接官が基本的にこの面接シートに基づいて質問するので、各回答を発展させる内容も準備するといいと思います。例えば、私が職業に「大学院生」と書いたので、「何の研究をしているか」という質問がありました。興味分野に「人権」と書いたので、「最近関心を持つ人権問題は何があるのか」と聞かれました。

2．国連英検なので、最近の国際ニュースとそれが国連とどうかかわるか把握しなければなりません。だからといってすべての国際ニュースを読むと結構な時間を要するため、どうやって効率よく吸収するかは重要です。私の場合、次の２つのものをサブスクライブしました。

A. The New York TimesのMorning Briefing
B. UN NewsのDaily Wrap

両方とも重要なニュースを要約してくれるし、面接という短い時間で特に必要となるスキル――ニュースを短い文章で説明する――についても勉強になりました。興味のあるニュースなら、更に詳細な記事を見つけて読みました。

なお、私の場合、試験の２週間前から自分のニュースノートを作成し始めました。試験当日はこのノートだけで最近のニュースをさらりと復習できました。

3．面接官の質問を理解するためにリスニングも重要です。私の場合、毎日30分くらい英語のラジオやPodcastを聞くように心がけていました。気分転換で時々アメリカのドラマも見ていました。

英語は日本語と異なり、敬語という区別があまりないので、当日は敬意を払いながらも、友達と国際ニュースを議論するようなリラックスした気分で面接に臨んだほうがかえっていいかもしれません。

Fさん［2017-1特A級合格］
保有資格●実用英検 1級、TOEIC 860点、通関士
留学経験●なし
職業等●会社員

私は帰国子女ではありません。また、英語を専攻としない大学の総合情報学部出身ですが、興味のある歴史の分野を英語で読むことは昔からありました。貿易系の国家資格である通関士に合格した経験をもとに幅広い世界の知識にチャレンジしたいと考えたら、英検１級や国連英検特Ａ級・Ａ級がふさわしいと思いました。また、オーストラリアでの環境保全ボランティアやツアーにおける国籍や文化の違う人たちとの滞在が、人類の共存、かけがえのない地球について好奇心を抱くようになるほど有意義だったことも国連英検受験のきっかけです。

２次試験の案内がくる可能性も考えて自信を持って討論できる国際社会問題の分野をいくつか用意しようと思いました。まずは、ドナルド・トランプ政権があげられます。彼の移民政策、貿易政策、地球温暖化政策等が興味深かったのですが、世界全体が気候変動対策に向かった流れの中での米国のパリ協定離脱は特に懐疑的でした。もう一つはヨーロッパ難民問題です。同じ人類としてなぜ助け合いができないかという疑問から戦後最大規模の欧州難民危機の詳細も見過ごせませんでした。難民問題の鍵を握るであろうドイツやカナダのような国家のことも気になりました。

それらを特に優先させながらどのような質問をされても大丈夫なようにネット上の国際ニュースやYouTubeで多くの情報収集に努めました。

更に幅を広げるならＥＵやアメリカとよく意見が食い違うロシアに関連する国際問題はどうかと思いました。そこでシリア情勢、ウクライナ情勢、北方領土問題などの詳細も調べました。

面接官にもよると思いますが、２次試験を乗り切るコツは自分の得意分野である時事問題へと会話の流れを持っていくことでしょう。従って、自分が関心を抱ける分野は詳しいところまで話せる、質問されたらすぐに答えられるの２点のためにも知識を深めることが不可欠です。

純日本人・日本育ちの私の場合、発音がいちばんの不安要素だったため、国際時事問題の知識や使えるボキャブラリーでフォローする必要があると思いました。苦手分野がある人でもそれを補えるだけの知識があるかどうかで全然違うと思うため、上記のように探究心を持った上での真剣な対策をお勧めします。

【社会人（30～40代）】

Gさん［2020-2特A級合格］
保有資格●実用英検 1級、TOEIC 975点、TOEFL 115点
留学経験●アメリカ（大学２年間）、カナダ（就労１年間）
職業等●会社員（商社）

英語資格の上では、英検、TOEIC、TOEFLでまずまずの成績を収めてきましたが、自身の英語力には全く満足できずにいました。学習は継続していましたが、漠然とした努力では、どうしても苦手分野を避けてしまい、理想とする英語力に近づくことができませんでした。そこで、客観的な評価を得るべく、敷居が高く敬遠していた国連英検特A級に挑戦しようと思いつきました。明確な目標と達成期限を設けることで、勤務先からの支援を受けら

れることになり、受験を決意するに至りました。

国連英検特A級の２次試験では、国際時事や外交問題などについて討論できる英語力が求められますので、日常会話や商談などといった内容を話せるだけでは到底対応しきれません。そのギャップを埋めるために、以下のようなトレーニングをしました。

１. テレビ視聴時の同時通訳

ニュース、討論、ドキュメンタリーなど日本語のテレビ番組すべてを、同時通訳しながら視聴しました。日本語を聞きながら瞬時に英訳するので、瞬発力と表現の柔軟性が身につきました。NHKの19時からの番組「ニュース７」は２カ国語放送ですので録画をし、まず、自身で同時通訳をします。その後、英語音声を聞いてシャドーイングをするという訓練もしました。超高負荷なトレーニングですが、効果抜群です。やり終えた後は疲労困憊ですが、完全集中していることもあり、ニュースの内容を自然と覚えてしまいます。特に、首相会見を同時通訳していたことが、２次試験の際、知識の面で非常に役に立ちました。

２. 英米のニュース番組や大学講義の視聴

CNN、BBC、NBC、ABCなどを視聴しながらシャドーイングをしました。また、YouTubeで米国大学の講義を見ることができます。私は、Yale大学Ian Shapiro教授の国際政治に関する講義で知識を深めました。また、米国大統領・副大統領討論会を見ていたこともあり、２次試験で充実した議論ができました。

２次試験に関しては、特に情報量が少ないと思いますので、私の体験を記載します。私の２次試験の試験官は、英国人女性と日本人男性（元国連大使）の２名でした。試験冒頭、英語を学ぶきっかけとなった高校時代の恩師の話や、大学院での研究テーマといった内容で緊張を和らげてくださいました。その後、話題が国際問題に移行していきます。実際に議論したトピックは以下の通りです。

・アメリカ大統領選挙
・トランプ政権とバイデン政権の政策
・多国間貿易協定（TPPとRCEP）と二国間貿易協定
・世界貿易機構：WTO（上級委員会の機能停止とWTO改革）
・中国の覇権主義
・朝鮮半島の非核化とイラン核合意
・持続可能な開発目標：SDGs（教育問題、環境問題）
・難民問題（ロヒンギャ）
・動物愛護と保護

矢継ぎ早に質問が投げかけられるので、テンポよく回答する必要があります。しかしながら、知識がないと返答のしようがありませんので、さまざまな国際問題ついて、最低限以下の4点を押さえて話せるようにしました。

・問題の概要を説明できること
・賛成と反対の両意見（Pros and Cons）を理解しておくこと
・国連と日本ができる貢献は何かを説明できること
・それらを踏まえて、自身の意見とその理由を言えること

幸運にも私の場合は、試験数日前にロヒンギャ難民問題についてのニュースを同時通訳していましたので、具体的な例をあげて話すことができました。同時通訳と類語辞典を活用した語彙力を高める訓練を通して、英語表現の柔軟性が身についたので、試験中に言葉に詰まることが多少あっても、即座に軌道修正を図ることができました。また、試験の終盤に、We still have a couple of minutes. Is there anything that you would like to add? などと聞かれることが多いようです。私の場合も同様でした。これは知識をアピールする絶好の機会ですので、必ず掘り下げて話すことができるネタを仕込んでおいてください。試験官からもれなく鋭い質問が投げかけられますので、予め問題を多角的に分析し、ロジカルに回答できるよう準備することが重要です。

今回は、合格することができましたが、自身の理想とする英語力とはまだ乖離しており、「長い道のりの通過点に過ぎない」というのが正直な感想です。ですから、この結果に一喜一憂している暇はありません。国連英検特A級は、良問揃いで、何かしら新たな知識を得ることができる素晴らしい試験です。今後も定期的に受験し、更なる高みを目指して精進していきたいと思います。

Hさん［2018-2特A級合格］
保有資格●実用英検１級、TOEIC 980点、英単語検定１級
留学経験●なし
職業等●高等学校英語教諭

１次試験の合格後、１回目は何も対策をしないで面接に臨み総合得点10点中６点、２回目は対策なしでは無駄だと思い、質問内容を想定し話す内容をある程度暗記して面接に臨み５点でした。国連英検では、(1) 流暢さ (2) コミュニケーション力 (3) 語彙力 (4) 国連に関する知識 (5) 発音…こういった評価項目がある中で、結局内容を暗記して行っても、ベテラン面接官に見抜かれてしまい、暗記した内容を話している途中で話題を変えられてしまい、予想外の質問にたじたじ…。日本語の面接で考えればそれもそのはず、15分という時間でしたが、ごまかしの英語力は通用しないと痛感しました。

振り返ると、１回目は勉強なしで６点だったことでまずまずと納得し、２回目の結果が来たときは、準備して行ったのに評価が下がったことのショックが大きく、１次試験免除の最後のチャンスである３回目の２次試験を受験することが無謀であるように思えました。あきらめかけたこともありましたが、最後まで全力を尽くそうと決心しました。他の合格者たちのように実用英検1級も TOEICも取ってきたし、アイドルデビューするとか、プロスポーツ選手になることなどに比べれば、なんとかなるだろう、と

開き直ることに決めました。理由はなんでもよかったのですが、自分は合格できる、大丈夫と信じ込ませることが必要でした。ただ、10点中の５～６点を８点以上に上げることは、100点中の50～60点を80点以上に上げる程に大変なことで、発想の転換をしなければ、がむしゃらにやるだけでは短期間では何の変化もないまま撃沈するだろうと思いました。

２回目の受験で気づいた①暗記は通用しない。②自分が強調したい内容であっても同じ英語の言い回しは評価項目に影響する。③面接官のうち、日本人の話す英語の方が癖があって聞き取りにくいこともある。このため英語圏でない人の英語にも慣れておくことが大切で、日本人どうしの英会話も無駄ではない。④面接のシートに話したいことを細かく書き過ぎない。しっかり暗記してきていると思われれば、シートの内容をほとんど聞かれずじまいで終わってしまうこともあり得る。⑤ある程度どの分野の質問も想定しておき答えられる準備ができていれば、評価項目の（4）国連に関する知識に関する評価以外は、よどみなく自論を展開できれば、（1）流暢さ（2）コミュニケーション力の評価はいただけると思います。それだけ流暢さは特に重要だと思うので、マニアックな語彙の勉強で語彙力の評価を伸ばすことに固執するくらいなら、平易な英語でもいいからすらすら話せる練習をする方がいいと思います。

Iさん［2019-2特A級合格］
保有資格●実用英検１級、TOEIC 945点
留学経験●アメリカ１年間（大学院）
職業等●大学専任教員

それまで英語の資格にはほとんど関心がなかったのですが、３年前より大学で専任教員として英語を教えることとなり、自らの専門だけではなく英語科教員としての自らの価値を高めるべく国

連英検を受験しました。

２次試験は、面接前に面接シートのようなものを渡され、そこに自分自身の興味関心のあるテーマや尊敬する人物、最も印象に残っている本、これまで行ったことのある国や行ってみたい国などを書いて提出した上で面接が進められます。A級では面接官はネイティブ１名だけですが、特A級では面接官がネイティブ１名と日本人１名います。面接官は決して厳しく臨むという姿勢ではなく、むしろ建設的な雰囲気を作ることを重視しながら面接してくださるので過度に緊張する必要はありません。

２次試験を有利に進めるには、面接シートに書いた自分自身の興味関心があるテーマに引き付けて話を進めていくことが重要です。私の場合は、Brexitと香港デモに関心があると書いたため、15分間の面接のうちこれらの問題に関する質問がほとんどでした。２次試験対策としては、日頃から新聞・ニュースを読む習慣をつけて時事問題に関する知識をつけておくことが肝心です。私の場合は『TIME』を購読し、毎朝BBC Newsを30分見るのを習慣としていますが、それ以外にも『朝日新聞』『毎日新聞』『Guardian』『South China Morning Post』などの記事を読むのは大変有用でした。皆さん自身が得意とするまたは関心のあるテーマについて、自分の意見を交えながらある程度詳細な内容まで説明できるよう準備してください。

２次試験の面接の評価の指標は、「Comprehension」(理解)、「Speaking」(会話)、「Communication」(意思疎通)、「Knowledge」(国際問題に関する知識) の 4点であり、うちSpeakingについては、「Pronunciation」(発音)、「Fluency」(流暢さ)、「Structure」(議論の組み立て方)、「Vocabulary」(語彙力) というサブ指標が設けられています。各指標10点満点であり、これらの指標のそれぞれの重要度を加味した上で、総合評価10点満点中８点以上を取れば合格となります。

国連英検は非常に質の高い良問が多く、単なる英語の資格試験ではなく、国連についての知識を深め、国際的な課題を理解するといった「真に国際的な人材を養う」というミッションがあります。そのため、過去問をやることばかりに囚われず、国連に関するさまざまな本を読みながら、国連がどのような取り組みをしているのか、国連をもっとよく知ることに重点を置きながら挑戦してほしいと願っています。

発音があまりに不自然だと、全体的に印象が悪くなるのは言うまでもないですが、経験上、質問内容にすらすら答えるだけではなく、自分の得意な分野に話を誘導し、話をリードすることが重要だと思います。私は教育・環境・難民・男女平等・北朝鮮核ミサイル・中国南シナ海・ロシア北方領土問題・アメリカトランプ政権政策・イギリスBrexitなどについてある程度答えられるようにはしていましたが、経済分野や科学分野にはそれほど自信がありませんでした。結果的に、環境問題と男女平等に関する話を中心にできたことで、話をリードし、15分という面接時間があっという間に終わるという状態でした。面接中は楽しかったし、正直に言って以前よりできた手ごたえはありましたが、ギリギリで合格していればいいなと思いました。結果は総合得点10点中９点という高得点でした。本当に嬉しく、努力してきてよかったなと思いました。

面接官の方々は３回とも日本人女性１名と外国人男性１名でしたが、毎回違う方であったように思いますので、相性もあったのかもしれません（英語の発音も含め）。そのため、受験を続ける中でチャンスが巡ってきたかもしれません。２次面接で話した流れは、挨拶→趣味の書道の話（私が所持する３段がどのような位置づけであるか、級と段の階級の説明）→大学の専攻の話（英文学を専攻し、ジョージ・オーウェルを研究したこと、研究作品と、作品中の描写が現代社会にもあてはまり、特に政府による国民の監視はある国の現状に酷似していることや、そのような国では世界人権宣言で謳われている基本的人権がないことなど）→男女平等について（国連組織内における事務総長が掲げるGender parity at the UNの理念に完全に同意すること、日本は世界経済フォーラムWEF144カ国中114位という現状や、ヨーロッパ特にフランスのマクロン政権下における政策やアフリカのウガンダの上位に見る成功例、一方、日本の女性の現状、国会議員など政治分野の女性の割合、管理職に占める女性の割合、待機児童問題、出産に伴う離職、地位向上のための解決策など。また、医学部系大学の女子受験生の得点を不正操作していた問題についても聞かれ、予想外でしたがタイムリーな問題でニュースで知っていた内容なので慌てずに会話を続けられました）→環境問題に関して（国連機関でいちばん機能していると個人的に思う。その理由のこと、IPCCについて、日本の技術がどのように世界の環境問題に貢献できると考えるか）→面接時間が終了→挨拶。

Jさん 茨城県［2019-2特A級合格］
保有資格●実用英検1級、TOEIC 970点
留学経験●オーストラリア（大学院）
職業等●地方公務員

私は地方自治体職員ですが、人口減少・少子高齢化に伴う国内のマーケット縮小や地域を支える担い手不足に対処するためには、これからは地方自治体も海外に目を向けなくてはなりません。実際、2次試験の2週間前に東南アジアの政府に赴き、労働分野に関する覚書を締結しました。海外政府との交渉にあたっては、私達が提案する政策が相手国の利益にどのようにコミット、社会貢献しているか、国際問題や国連における持続可能な開発目標（SDGs）等を踏まえ説明することが求められます。相手国とのやり取りにあたって必要なこれらの知識を身につけたいと思ったのが、私の国連英検の受験動機です。加えて、私は今後、職場で国際畑を歩んでいきたいと思っておりますので、英語関係の資格はすべて取得し、人事セクションにアピールしたいとの気持ち

もありました。

CNN10の視聴、及びBBCニュースのチェックを毎日行うことで、国際情勢に関する知識を身につけました。BBCは、取りあげた記事の背景や歴史、なぜ問題になっているのか、簡単に記事を追跡して調べることができるのでお勧めです。

面接シートの「興味を持っていること」欄には、気候変動、香港市民の抗議活動、米中貿易戦争、ロヒンギャ問題を書きました。ただ、面接官によって、聞かれる質問も、面接の手応えも全く違うことをこれから受験される方々にお伝えしたいです。私が一度不合格になったときには、面接シートに記載した興味ある事項についてはほとんど聞かれませんでした。面接冒頭で、「ロヒンギャの人々を救うためにいろいろな国連機関がさまざまな支援をしているが、『二重行政的で効率的でない』という批判があることについてどう思うか。どのような改善が必要か」ということをいきなり聞かれ、全く想定していなかった質問で、しかも国連のあり方に関する根本的で難しい問題であったため、頭が真っ白になってしまいました。しかしながら、過去の合格者の体験記を読むと似た質問をされていた方がいらっしゃったので、今振り返ってみると対策できた質問だったと思います。国連のあり方・運営等に関するさまざまな批判については、「The United Nations A Very Short Introduction」に記載がありましたので、回答案作成の参考にしました。

２回目の２次試験時には、面接シートに記載していない事項も含め準備をしましたが、今度は面接シートに沿って面接が進み、面接シートに書いていない事項はほとんど聞かれませんでした。アメリカのパリ協定離脱についてどう思うか、また香港市民の抗議活動に対して日本はどのようなスタンスを取るか聞かれましたが、これらはすべて想定の範囲内でした。唯一、面接シートに記載しなかった事項で聞かれたことは、冒頭でも述べた、地方公務員である私の国連英検の受験動機でした。面接最後に、「何か言いたいことはありますか」と質問されたときには、せっかく回答を準備しておいたので、2次試験不合格時にうまく答えられなかった国連組織のあり方、改善点などについて述べました。

また、1回目の不合格時の結果から、私は発音を矯正する必要がありましたので、「英語発音バイブル（アメリカンイングリッシュオンライン）」というDVDを購入して繰り返し視聴、及び練習に取り組みました。これまで何気なく喋っていた英語の発音が不正確だったことを自覚しました。

Kさん［2019-2特A級・A級合格］
保有資格●実用英検1級
留学経験●アメリカ、ケニア（勤務のため）
職業等●防衛省

英検1級合格後、自己の能力を更に高めるため、最難関の呼び声が高い国連英検特A級の受験を早くから意識しておりました。また、職場での勤務内容が国連英検の内容と関わっていることもありました。現在、私は国際平和協力活動や、海外の組織の能力向上を支援する活動などについて情報収集、分析するとともに、状況によりそれらの活動に自ら参加するといった仕事をしています。2019年にはケニア共和国において、国連の一員として、国連、ケニア軍と連携して、ウガンダ軍の能力を向上させるための活動に参加させていただきました。実際にニューヨークの国連本部（DOS：オペレーション支援局）や、国連ナイロビ事務局（UNON）のスタッフの皆様と調整業務をしたりと、国連を身近に感じることができたことは、私の学習意欲を一層強くしました。加えて、定年退職した後には国連やNGOなどの国際活動にボランティアとして関わることが私の将来の夢でもあります。そのため、なんとしても国連英検特A級に合格して、またその過程を通じて早いうちから自分の国際関係に係るスキルアップを図りたいと思い受験を決意しました。

２次試験の準備としては、まずは国際情勢キャッチアップの強化、国際問題についての論点の蓄積、そして会話練習に努めました。国際情勢のキャッチアップと論点の蓄積については先ほど記載した通りですが、最後の最後まで日々のニュースを追うことが重要です。併せて、国連のホームページやポッドキャスト（動画）に目を通し、現事務総長のポリシーや関心事項は何か、今どこで何が問題になっているか、それに対して国連はどうしようとしているかについて情報収集するとともに、自分なりの意見を蓄積していきました。会話練習については各人の環境や予算に合わせて、最適な方法を選択するのが良いと思いますので細部は割愛しますが、国際情勢を議論できるようなネイティブの方が身近に居れば最高だと思います。

２次試験本番は、自分が今まで積み重ねてきた学習や人生経験などを包み隠さず、誇張せずに表現することが重要だと思います。よく理解できていないことを話そうとしたり、自分を大きく見せようとする行為は、百戦錬磨の面接官には簡単に見抜かれてしまいますし、下手をしたら誠意を疑われる可能性すらあります。自分のありのままを表現できればそれで充分だと思います。私は面接本番ではひたすらこのチャンスを楽しもうとリラックスし、結果的にそれが功を奏したのか全項目満点をいただきました。それに関連してですが、面接シートの構成を事前に把握し、自分は何を深く話せるか（マイ・スペシャルティー）という観点から、何を書くかについても事前に選択して準備しておくと良いでしょう。

【社会人（50代以上）】

Lさん［2019-1特A級合格］
保有資格●実用英検１級、TOEIC 990点
留学経験●アメリカ（大学院）
職業等●高等学校英語教諭

これまで20数年の教歴の中で、生徒に英語学習者としての模範を示すために、実用英検１級に合格し、TOEIC 990点の満点を取得してきましたが、国連英検特A級だけは受験するのを躊躇してきました。他の英語資格試験よりも明らかに難易度が高く、また合格に必要な国連の知識や、国際情勢に対する見識を身につけることが、受験指導や生徒指導、校務分掌などに日々追われる教員には困難だと思い込んでいたからです。この度特A級への挑戦を決意したのは、生徒に模範を示すためもありますが、多忙な他の教員への励ましになればと思ったからです。

国連の知識に関してはその理念と目的を押さえ、いくつかの機関の活動状況をリアルタイムで把握するために、毎週日曜日だけBBCのニュースを利用しました。試験前2週間は1時間だけ早起きして、JAPAN NEWSの第一面から抜粋して集めてきた国際情勢に関して国連が関わっている話題だけを、事実→原因→解決策の流れで英語でまとめていきました。その中で今回は、２次試験前に取りざたされていたイランの核査察問題や、英国のEU離脱問題についての見識が深まったと思います。また試験1カ月前に試験会場になった大阪で開かれたG20サミットについてもいろいろ調べておきました。これらは実際に２次試験で触れることができて幸運でした。さらに、長年聴き続けてきたNHKのラジオ講座「実践ビジネス英語」で扱われたAIや、Global Warmingなどのトピックは２次試験にも大いに役立ちました。

今回、国内で受けられる最高峰とされる国連英検特A級に合格できたことを誇りにしながら、さらなる研鑽を積み、英語教師と

してだけでなく、国際社会で意見を述べられる人材として成長できるように努力していこうと思います。

Mさん［2018-2特A級合格］
保有資格●実用英検1級、TOEIC 975点、通訳案内士
留学経験●イギリス（大学院）
職業等●会社役員

若い頃の英国留学時に国際法を少し勉強する機会があり、国連に関心を持ち始めたことをきっかけにA級を取得。その後ブランクが空きましたが、一昨年 海外赴任から帰国後、特A級に挑戦。初回は惨憺たる結果で、自分が知る他の英語検定試験を遥かに超えるその難易度に驚かされ、無力感を強く感じました。しっかりした準備をしないと国連英検は突破できないことを改めて認識し、リベンジに向け読解力、語彙力、作文力を鍛え直し、国際時事問題へのアンテナを高くして挑んだ結果、今回英語の神様が味方をしてくれました。

2次試験は時間的制約もあり、特別な対策を行うとことができませんでしたが、日経新聞や海外のニュースメディア（私のお気に入りはNPR）を通じ、直近の国際情勢（米国の保護主義的な経済政策、欧州の難民問題など）については日頃から確認しておきました。また1次試験の作文対策で複数のテーマについて自分の考えを纏めておくと2次試験の設問に対して対応しやすくなると思います。面接試験ではありましたが、国際問題に関する“意見交換の場”という気持ちで臨みました。約20分弱の面接時間でしたが、7～8程度のトピックについて意見を申し上げました。

試験勉強を通じ、人権保護、難民問題、国際紛争解決、気候変動、SDGsなどに関し、多くのことを学び考えさせられたこと、また国連英検に挑戦する同じ志を持つ仲間と知り合えたことが、自分にとり貴重な財産になりました。受験の目的はさまざまであ

ると思いますが、私の場合、国連英検は検定試験を超えたものを与えてくれる機会になりました。将来、国際社会に何かしらの形で貢献したいとの想いを持ちつつ、引き続き英語の勉強を続けてまいりたいと思います。

Nさん［2018-2特A級合格］
保有資格●実用英検1級、通訳案内士、観光英検1級、BESTビジネス英検 A-Grade
留学経験●海外赴任・駐在経験あり（北米・中南米・欧州・アフリカ・オセアニア・東南アジア諸国等）
職業等●ビジネスコンサルタント

商社マン・コンサルタントという職歴をベースに、ビジネス英語を中心に学習してきた私ですが、国連英検の勉強をすることで、よりグローバルな問題について考える機会を持つことができました。

ウィークデーにUN News – News In BriefをAudio Hubでリスニングし、シャドーイングをすることでキーワードや論点を頭にしみ込ませました。Transcriptがあるニュースについてはスクリプトをチェックした上で、声に出して読む練習をしました。覚えるというより、論点にすぐに反応できる英語回路を頭に構築するというイメージです。

ただ、成功の鍵は何と言っても、予想される質問への回答の準備でしょう。私の場合、一般的な自己紹介から受験の動機、国連の活動内容について即座に答えられるように原稿を作成。最近のニュースについては予想質問集をつくり、質疑応答のシミュレーション・プラクティスを繰り返し行いました。本番では当該自家製質問集のうち3問が的中し、落ち着いて答えることができました。結果は評価項目すべてにわたって高得点をいただき、「合格」の二文字を勝ち取ることができました。

Energy gravitates towards clear goals. という言葉がありますが、「漠然と英語が上手くなりたい」では英語力は伸びないと思います。プロフェッショナルレベルの英語力を身につけたい——そんな方には国連英検特A級合格は明確な目標であり、グローバルな視野を身につけるためのやりがいのある挑戦になるでしょう。

エチオピア出張で目のあたりにした貧困の現実が、私の国連への興味の始まりでした。国連英検特A級に合格した今、私の国連への関心は深まるばかりです。

A級合格者

【中学生・高校生】

Oさん［2020-2 A級合格］
保有資格●実用英検1級
留学経験●家族の駐在のためアメリカに3年半在住
職業等●中学1年生

私は国際情勢に関する知識を深めて学校での模擬国連や英語ディベートなどの活動に活かすため、国連英検A級に挑戦しました。今回の受験が国際情勢に関する知識を得ることにつながっただけではなく、自分なりの意見を持ったり、どのように問題を解決していけばよいのかを考えるきっかけになったと感じます。

2次試験では、事前に記入する面接シートをもとに質問されます。国際事情に関する知識を忘れないように『新わかりやすい国連の活動と世界』を繰り返し読むだけではなく、BBC World NewsやUN Newsなどを参考に最新ニュースの要旨と、予想される質問やそれに対する自分の考えをまとめました。1次試験のエッセイにもテーマが共通しているものがあるので、過去問の設問IX（作文問題）も見直し、論理の一貫した意見を述べることができるよう練習しました。

面接では、自己紹介や身近な国際問題に対する考え方を話すことから始まり、コロナウイルスやアメリカのパリ協定再加入、ロックダウンによって引き起こされた教育格差など、今課題となっている事項に対して考えを述べました。日ごろから報道をチェックし、問題点を整理したり、自分なりの解決法をまとめておくと良いと思います。

面接本番はとても緊張し、自分の意見をスムーズに言えないこともあると思います。私は、２次試験を国際問題に関する意見を聞いていただく機会ととらえ，リラックスして話すように心がけることが大切だと感じました。

Pさん［2019-2 A級合格］
保有資格●実用英検 1級
留学経験●ニュージーランド（３年）
職業等●高校１年生

国連英検A級に挑戦したきっかけは、模擬国連という活動を行う中でもっと国際情勢の知識を増やし、英語の文書をより正確に理解し自分自身でもそれを作成できるようになりたいと考えたからです。A級を受験する過程を通して、これらのことが少しずつできるようになってきていると思います。

２次試験はネイティブスピーカーの面接官と10分程度の会話をします。ここでは、実際にどのような流れで面接が進んだか、これを踏まえた上でお勧めする面接対策方法の２点をお伝えしたいと思います。

試験会場に到着したら面接シート（INTERVIEW SHEET）を英語で記入します。「国連英検A級過去問題集」の中に実際に使用する面接シートが掲載されていますので、そちらをご覧になっていただければ良いと思います。

時間になったら試験場係員に案内され、面接室の前で前の受験者が出てくるのを待ちます（５分程度)。面接官の方が扉を開けてくださったら入室し面接シートを手渡します。ここからは私の体験になるのですが、私の場合、まず初めに学校のことについて聞かれました。とても身近で話しやすい話題から始めてくださり緊張がほぐれたのを覚えています。３分程度私の学校の話をした後、次に興味を持っていることについて質問されました。私は興味を持っていることとして模擬国連活動について記したので、まず模擬国連活動について説明し、私が参加した模擬国連会議の中でいちばん印象的だった議題についても話しました。面接官の方がその議題に対する私の立場と意見を求めたので、自分の意見と理由を２つ、自分の経験を交えながら話しました。最後に私が述べた意見とは反対の意見についてどう考えるかと問われたので、その際も自分の意見を揺るがすことなく事前に調べてきた根拠をきちんと並べて反駁できたと思います。

実際の面接の流れを振り返ると、面接官の方が私の得意な国際情勢について意見を述べる場を作ってくださったことがわかります。そのため２つの面接対策方法をお勧めします。

１つ目は、最も関心がありかつ反対意見を言われても自分の意見を貫き通すことができる国際問題を見つけることです。また、UN News、CNN、BBC、Japan Timesなどの英文ニュースや、日本語の文献からでも収集し、自分の意見をバックアップする確実な根拠をできるだけ覚えておくことが必要不可欠であると思います。そしてその国際問題につなげられるような内容を面接シートのあらゆる箇所にちりばめておくことが大切です。

２つ目は、スムーズに面接官と対話できるよう普段から英語を話す機会を設けることです。２次試験の面接は面接官との対話ですので、会話が途切れて沈黙ができてしまうのは望ましくありません。私の場合は学校のネイティブ講師と話す機会を自分から作りにいったり、海外に住む友達とFaceTimeでさまざまな国際問題について議論したりして対策しました。オンライン上でも英語会話を対策できると思いますので、何らかの形で英語を話す機会をできるだけ多く持つことをお勧めします。

【大学生〜社会人（20歳代）】

Qさん［2018-2 A級・B級合格］
保有資格●実用英検 準1級、TOEIC L&R 905点、TOEIC S&W 330点
留学経験●オーストラリア（1カ月）
職業等●大学生

1次試験の自己採点で十分な点が取れていたため、安心して2次試験の準備を進めることができました。まずは関心のある国際問題について議論できるだけの情報を集めるとよいかと思います。私の場合、ENGLISH EXPRESSのバックナンバーやUN Newsを継続的に読み、その中でも難民問題に関するものをコピーして読み込みました。ただし面接官の方から提供されるトピックもあるため、得意分野は持っておきつつも、それだけに的を絞らないことが重要です。

本番では、Rohingyaの問題における国連の活動や日本との関連性を説明し、自分の専門である英語教育の視点から難民支援についての意見を述べました。面接官の方からは#MeToo movementについての意見を求められましたが、落ち着いて論理立てながら返答することができました。

2次試験において大切なのは、情報を集めて問題を理解し、国連知識と関連づけて考え、自分の意見をしっかり持つことです。その上で普段から Pronunciation や Fluency を意識してアウトプットをしていれば、総合的に高い評価が得られるでしょう。

国連英検と出会えたことで世界を知り、国際問題に対して積極的に考えることができました。思考を英語に転換することはいつも新しい視点に気づかせてくれます。今後特A級にも挑戦し、国際情勢や国連の活動のみならず、生活の中のあらゆる事象につい

て質の高い意見を持てるよう、自己研鑽に励みたいと思います。

Rさん［2018-2 A級合格］
保有資格●TOEIC 880点
留学経験●なし
職業等●NPO法人勤務

国連英検の存在を知ったのは昨年（2018年）の1月でそれまでの自分の英語運用能力に伸び悩みを感じていたことから受験を決意しました。ちなみに私は海外留学の経験がなく、仕事などで英語圏に出張するようなことも特にありませんでした。初めて国連英検の問題を見たときも知らない単語が数多く載っており、そのような状態から勉強を始めています。

2次試験では直近のニュースなどから情報を集め、自分なりの意見をつくっていました。情報収集が大事なのはもちろんですが、さらに重要なのは、一つの問題に対し多面的に突っ込んでみることです。例えば、なぜこの事態が発生したのか？これに対しステークホルダーはどのように見ているのか？代替案はないのか？仮に代替案を採用した場合どのようなメリット・デメリットがあるのか？日本はその事態に対しどう取り組むのか？このような質問を自分に問いかけ、面接の準備を進めていました。あいにく本番では想定した質問がされませんでしたが、ある程度うまく答えられたのはこのトレーニングがあったからこそと感じています。

私は最初に書いた通り、ドメスティックな人間で会話にもそれほど自信がない方でした。しかし、今回A級に合格できたのは各世界の問題に対し、自分の意見を曲がりなりにも組み立てていったからだと思います。国連英検は英語の運用能力を図る試験であると同時に、諸問題に対する自分の考えや理解を深める試験でもあります。次は特A級の合格を目指し、また新たな気持ちで研鑽を積んでいこうと思います。

Sさん［2016-2 A級合格］
保有資格●実用英検1級、TOEIC 975点
留学経験●なし
職業●会社員

A級の2次試験時間は約10分間で、4つのパートに分けるとすると以下の通りだと記憶しています。

(1) 自由会話→ (2) 知識確認→ (3) 世界のできごと*→ (4) 自由会話

*トピック：EUへの難民流入、米国大統領選結果、オバマ大統領の広島訪問

世界で話題となるできごとについて、1分程度の分量で自分の考えを端的に述べることができれば問題ないと思います。長々と持論を展開するのではなく、試験官との会話のキャッチボールを意識しました。

試験官は温和な方で、相づちや丁寧な言葉づかいなど、良い雰囲気作りに努めていただけたので、落ち着いて臨むことができました。

2次試験で受験の動機を問われた際に、英語という言語に関心を寄せ、熱意をもって十数年間ずっと没頭し、こうして国連英検に辿りついた理由が、ほとんど衝動のように口先からほとばしり、素直な自分の気持ちと出会えた瞬間が忘れられません。

国連英検は、日本語だけでは到底知りえなかった事実を知る機会だけでなく、その事実によって今後の生き方を深く考える機会をも与えてくれました。

【社会人（30～40代）】

Tさん［2019-2 A級合格］
保有資格●実用英検 準1級、TOEIC 955点、TOEFL 100点、
工業英検2級
留学経験●子どもの頃にアメリカに5年居住
職業等●国家公務員

私は、大学院生時代に国際機関職員を目指したいと考えていました。その後、しばらく国家公務員として働いていましたが、2019年3月に国連本部で開催された委員会への出張を機に、再び国連職員を目指そうと英語と国際情勢の学習を始めました。その過程で外務省のJPO派遣制度やロスター登録制度について調べるうちに国連英検の存在を知り、英語・国際情勢の知識のブラッシュアップと学習効果の測定のために受験しました。

大学・大学院と理系の専攻だったので、国連英検対策が久しぶりの本格的な英語学習でした。平日の通勤時間、往復2時間弱を利用した勉強方法について以下にまとめたいと思います。2019年度第1回は残念ながら落ちてしまったので今回で2度目の受験、約半年間の学習期間になります。

2次試験対策と転職活動も兼ねて国連の役割や取り組みに関する書籍も読みました。お勧めの書籍は、"The Essential UN"（国連）と"An Insider's Guide To The UN"（Linda Fasulo）の2冊です。

2次試験対策は、上記の読書に加えて、(1) 国連の役割と現在の方向性を把握する (2) 興味がある話題・自分の専門分野の課題をいくつか見つける (3) 自分の見解をまとめる　という3ステップで対策をしました。

(1)の現在の方向性については、国連と外務省のAgenda 2030関連の文書を読むことでおおよそ把握できると思います。(2)については、面接シートの内容に沿って質問が行われるとのこと

だったので、しっかり語ることができるホットトピックを探し、いくつか話の種を決めます。先述のNews Letterが大変役に立ちました。(3)は、選んだ話の種について、現状はどうか、何が課題や進歩か、我が国はどう対応しているか、自分個人はどうなってほしいかについてまとめてすぐ話せるようにしました。

２次試験はまずは何かのトピックについて話し、その中から面接官が気になることを掘り下げる形式のようです。少し残念でしたが、あまり双方向の会話という要素はなかったように思います。そこで、TOEFLのスピーキング対策のようにある程度構造を決めて言いたいことを話す練習をしておくと、初めにトピックについて話すときに焦らずに済むと思います。また、小難しい単語を織り込んでわかりにくい話し方をするよりは、普段仕事をするときのように平易な語を使って自分の意見を正確に伝えることを心がけて話す練習をすると良いと思います。

Uさん［2017-1 A級合格］
留学経験●なし
職業●司法書士

私が国連英検A級を目指した理由は、2015年にJICA主催の能力強化研修「法整備支援コース」を修了して以来、法律だけでなく語学の研鑽にも力を入れていく必要があると強く感じ、司法書士として、通常業務だけでなく、今後は開発途上国における法整備支援分野に取り組みたいという思いから受験を決意しました。特に上位級の勉強においてはソフトインフラの重要な担い手である国連活動を知ることで世界情勢も知ることができ、今後の自分の糧になるものだと思い合格を目指すことになりました。

高校時代は活きた英語を学べる環境にありましたが、最近ではおおよそ14年ほど実際に英語を使って話す機会から離れてしまっていたので、２次試験は非常に不安でした。遅まきながら、2017

年２月より過去の合格体験記の方が使っていらっしゃったオンラインスクールを利用して面接試験に臨みました。並行して、１次試験対策のときと変わらず、BBCニュース、UN News Centreの情報収集はほぼ毎日チェックしていました。対策方法がとりづらかったので、これらのソースを利用して世界情勢の知識を万遍なく得るようにし、自分自身の意見が言えるよう、フリートークも含め20個くらい準備していました。

試験当日は、自分が話したい話題（国際事情）を話させてくれ、それをもとに面接官の方とディスカッションをする、非常に受けやすい試験形態でした。私が話した内容は、「トランプ政権下における米国の将来」及び「近年の一連のテロ行為及び各国の対策」についてでした。面接官の方の温和な対応もあって、とても話しやすく、コミュニケーションもとりやすかったです。

私は、土地柄、職業柄と普段全く英語を使う機会がないため、自分自身で英語を使う機会を作り出すこと自体難しい環境にありました。さらに通常業務の傍らで勉強していたため、思うように勉強が捗らないこともよくありました。それでも、自分がこれからやりたい分野がはっきりしていたので、何とか乗り越えることができたと思います。

面接試験が終わった次の日に、運よく国際関係に携われる会務部門へのお話があったときは嬉しかったですし、最終合格通知を手にしたときは嬉しさもありましたが安堵感のほうが大きく、月並みですが、頑張ってきてよかったと、久々に達成感を感じることができました。

【社会人（50代以上）】

Vさん［2019-2 A級合格］
保有資格●実用英検１級、通訳案内士（英語）、TOEIC 940点
留学経験●なし
職業等●国家公務員

私は、長年中央官庁で働いてきましたが、55才を過ぎて定年後の身の振り方を考える中で、好きな英語の資格を取っておこうと一念発起して勉強を始め、現役の間に通訳案内士、英検1級を取得し、昨年春に定年退職し再雇用で働く中で、その次の目標として国連英検A級の取得を目指そうと受験を決めました。

国連英検A級の２次試験はネイティブの試験官と１対１で、国連の諸活動や世界の動きについて約10分間のフリーディスカッションです。

英検１級や通訳案内士の２次試験はいわば２分間１本勝負ですが、国連A級の場合は、当日に事前提出する面接シートに書いた自身の関心事項を中心に話せるため、出だしでつまずいても、後半で取り返せるというメリットがあると感じました。

オンラインによる模擬面接については、国連英検A級に特化したものが見つからなかったため、以前、実用英検１級２次対策でお世話になったオンライン英会話の運営会社に相談したところ、国連英検A級用のアレンジも可能とのことだったので、面接の直前に総仕上げのつもりで３回受講し予行演習に努めました。

当日の試験官は若い白人の男性でしたが、非常にフレンドリーな方でしたので、リラックスして受験できました。自己紹介の後、関心のある国連の活動について説明してほしいと求められたので、「SDGs」、「Climate Change」、「Plastic Pollution」の３つのトピックについて自身の考えも添えてコンパクトに説明し、更にあと少し時間があるが何かあるかと聞かれたので、先にアフガ

ニスタンで武装勢力による銃撃により亡くなられた中村哲先生について話をしたところで、タイムアップとなりました。

２次試験では途中で詰まってしまったところもあり反省点も多いですが、幸いにも合格通知が届き、応援してくれた家族にも良い報告ができました。国連英検A級は難易度的には実用英検１級とほぼ同程度ではないかと感じました。実用英検１級ホルダーの方の次の目標としてはお勧めかと考えます。

国連英検実施要項

主　　催	公益財団法人 日本国際連合協会 国連英検事務局
問い合わせ先	〒104-0031　東京都中央区京橋3-12-4 MAOビル４階 TEL 03-6228-6831 ／ FAX 03-6228-6832 http://www.kokureneiken.jp/

※最新の情報は国連英検ホームページhttp://www.kokureneiken.jp/で確認すること。

試験日

	１次試験	２次試験
第１回	毎年５月下旬の日曜日	毎年７月中旬の日曜日
第２回	毎年 10 月下旬の日曜日	毎年 12 月中旬の日曜日

※２次試験は特Ａ級・Ａ級のみ。

試験地

■１次試験…札幌・仙台・長野・さいたま・千葉・東京・神奈川・名古屋・金沢・神戸・京都・大阪・広島・福岡・鹿児島・那覇の予定

■２次試験…特Ａ級：東京・大阪
※特Ａ級・Ａ級の併願者の２次試験はすべて東京・大阪で行われる。
Ａ級：札幌・仙台・東京・名古屋・大阪・福岡・鹿児島・那覇の予定

受験会場名、所在地は受験票に明示される。受験地の変更はできない。なお、１次試験を特別会場で受験した受験者の２次試験は、最寄りの試験会場となる。
※ただし、会場は毎回変更の可能性がある。

検定料（税込）

特Ａ級…12,500円　Ａ級…10,000円　Ｂ級…7,500円
Ｃ級…4,500円　Ｄ級…4,000円　Ｅ級…3,000円
※一度納入された検定料は返却できない。申し込み後の変更もできない。
※事務局が申込書を検定料の受領後、受付完了。

併願受験検定料（税込）

特Ａ級＋Ａ級＝20,000円　Ａ級＋Ｂ級＝15,000円
Ｂ級＋Ｃ級＝11,000円　Ｃ級＋Ｄ級＝8,000円
Ｄ級＋Ｅ級＝ 6,000円
※一度納入された検定料は返却できない。申し込み後の変更もできない。
※事務局が申込書を検定料の受領後、受付完了。

１次試験の開始時間

Ａ級　Ｃ級　Ｅ級…午前10時30分（集合時間午前10時）
特Ａ級　Ｂ級　Ｄ級…午後２時（集合時間午後１時30分）

試験方法	■1次試験 (see table below) ■2次試験 ※特A級・A級の1次試験合格者および1次試験免除者が対象。 ※面接シートに事前に所要事項を英語で書き込み、外国人面接官などの質問事項に答える。 ※A級については会場によりSkype等によるオンライン面接になる場合もある。 ※面接の内容は試験実施の品質向上と厳正さを担保することを目的に録音（オンラインの場合は録画）される。

■1次試験

級	試験方法	試験時間
特A・A	筆記試験のみ	120分
B	リスニングテスト 筆記試験	120分
C・D		100分
E		80分

合格発表 合格者には合格カードを発行	試験結果は郵送にて通知。

	1次試験	2次試験
第1回	毎年6月下旬	毎年8月中旬
第2回	毎年11月下旬	毎年1月中旬

受験 申し込み 要項	**●併願の場合** 午前午後で隣接する2つの級を同日に受験することができる。併願を希望する場合は「受験申込書」の併願欄に記入して申し込むこと。 **●1次試験免除** 前回または前々回の1次試験に合格し、2次試験に不合格または欠席した場合、申請により1次試験が免除され、2次試験のみ受験できる。申込書の所定欄にその旨を記入し申し込むこと。検定料は同じ。
受験票	申込書と検定料金の受理後、受験地の会場・所在地が記載された受験票が1次試験日の1週間前までに送付される。届かない場合は、必ず試験日の3日前までに国連英検事務局（03-6228-6831〈代表〉）へ問い合わせること。顔写真1枚（4センチ×3センチ）を試験日までに用意し受験票に貼り付けておくこと。試験当日は、受験票とともに本人確認証明書を持参すること。
受験 申し込み 方法	書店、郵送、インターネット（PC・スマートフォン）で申し込みができる。詳細は国連英検ホームページhttp://www.kokureneiken.jp/で確認する。 申込受付期間 第1回　3月初旬～4月下旬　※翌日消印有効 第2回　8月上旬～9月下旬　※翌日消印有効

検定料のお支払い方法

電話で申し込む場合	国連英検事務局へ電話・FAXにて申し込みができる。申し込み受付後「コンビニ支払用紙」が郵送される。
郵送で申し込む場合	国連英検事務局に受験申込書を請求する。 ●支払方法：必ず受験者氏名で銀行または郵便局から振り込む。
インターネット (PC・スマートフォン) で申し込む場合	国連英検のホームページから申し込みができる。 (PC・スマートフォン) http://www.kokureneiken.jp/ ●支払方法：クレジットカード支払い、コンビニエンスストア支払い、銀行または郵便局から振り込む。

検定料の各種支払詳細

振込の場合	**●銀行からの振込** 銀行名：三菱UFJ銀行　日本橋支店 口座名：(公財) 日本国際連合協会　国連英検事務局 口座番号：普通口座0010400 金額：該当級の受験料 ※振込手数料は受験者負担。 ※現金・為替は取り扱い不可。 ※いずれも事務局が申込書と検定料の受領を確認後、受付完了。 ※インターネット (PC・スマートフォン) で申し込んだ受験者は、ご依頼人の前に「受付番号」(メールにて通知される) を記入する。
	●郵便局からの払込 郵便局設置の払込書(青票)にて以下の内容を記入の上、払い込む。 加入者名：(公財) 日本国際連合協会 口座番号：00130-7-24670 金額：該当級の受験料 ※振込手数料は受験者負担。 ※ご依頼人欄に受験者名、住所、電話番号を必ず記入する。インターネット (PC・スマートフォン) で申し込んだ受験者は、ご依頼人の前に「受付番号」(メールにて通知される) を記入する。 ※払込金受領書は必ず保管する。
クレジットカード の場合	**●インターネット (PC・スマートフォン) からの申し込みのみ可能** 入力フォームにて「クレジットカード払い」を選択し、カード番号、有効期限などを入力する。 ※利用可能クレジットカードは国連英検のホームページで確認のこと。
コンビニエンスストア の場合	**●インターネット (PC・スマートフォン) からの申し込みの場合** 入力フォームにて「コンビニ払い」を選択すると、払込票が送付される。 **●電話・FAX で申し込みの場合** 申し込み受付完了後事務局より「コンビニ支払用紙」が郵送される。 ※全国の主要なコンビニエンスストアにて受験料を支払う。

「国連英検 面接の対策」著者・執筆協力者プロフィール

著者

高橋基治（たかはし・もとはる）

東洋英和女学院大学教授。国連英検アドバイザー。
著書に『テーマ別時事英単語集＜国連英検特A級・A級準拠＞』（三修社）他多数。

Lawrence Karn（ローレンス・カーン）

大妻女子大学特任教授。成城大学講師。学術博士。国連英検指導検討委員会委員長。
論文に「Developing English Skills by Reporting on Current Events and World News」(OJSIS) 他。

執筆協力者

服部孝彦（はっとり・たかひこ）

大妻女子大学・同大学院教授。早稲田大学講師。言語学博士。国連英検統括監修官。
著書に『国連英検特A級・A級対策』（監修, 三修社）他多数。

室屋精一郎（むろや・せいいちろう）

慶應義塾湘南藤沢中等部・高等部教諭。国連英検指導検討委員会委員。

国連英検 特A級・A級 面接対策
2021年10月10日　第1刷発行

編著　公益財団法人 日本国際連合協会
著者　高橋基治・Lawrence Karn
執筆協力　服部孝彦・室屋精一郎
発行者　前田俊秀
発行所　株式会社三修社
〒150-0001 東京都渋谷区神宮前2-2-22
TEL　03-3405-4511
FAX　03-3405-4522
振替　00190-9-72758
https://www.sanshusha.co.jp

印刷・製本 日経印刷株式会社

ISBN978-4-384-06007-2 C2082